Sensibilización en la igualdad de oportunidades

FCOO02

Rosa María Iglesias Crespo

Edición revisada y actualizada por
Soledad Carrasco Fernández

Sensibilización en la igualdad de oportunidades

FCOO02

Rosa María Iglesias Crespo

Edición revisada y actualizada por
Soledad Carrasco Fernández

Paraninfo

Permiso por nacimiento y cuidado de menor
actualizado al Real Decreto-ley 9/2025

© 2025 Ediciones Paraninfo, S. A.

Autora: Rosa María Iglesias Crespo
Edición revisada por Soledad Carrasco Fernández
Diseño y maquetación: Ediciones Nobel, S. A.

ISBN: 978-84-283-7136-0
Depósito legal: M-21947-2025
Impresión: Liberdigital (Casarrubuelos, Madrid)

Impreso en España

Soledad Carrasco Fernández es licenciada en Derecho y cuenta con una dilatada trayectoria como docente de Formación Profesional. Es autora de libros y manuales profesionales publicados por esta editorial y colaboradora de la Consejería de Educación de la Comunidad de Madrid como creadora de contenidos multimedia.

Rosa Iglesias Crespo es licenciada en Filología Española por la Universidad de Oviedo y experta en Igualdad de Oportunidades por la Universidad Complutense de Madrid. Su trayectoria profesional en proyectos de formación y empleo dirigidos a mujeres, le ha supuesto trabajar en estrecha colaboración con los recursos de igualdad de la Administración pública. Este manual es el resultado de sus observaciones en torno a la aplicación de medidas y acciones para la inserción laboral de mujeres de todas las edades, y los efectos que han producido en la sociedad desde su aplicación.

Índice

La igualdad de oportunidades entre hombres y mujeres

1.1. CONCEPTOS BÁSICOS

El conocimiento de los principales conceptos relacionados con la igualdad entre hombres y mujeres es el primer paso en el proceso de comprensión de las diferencias entre la igualdad real y la efectiva. A continuación, se encuentra la descripción de algunos conceptos básicos:

- **Sexo:** hace mención al conjunto de características que poseen las personas y que identifica las diferencias biológicas entre mujeres y hombres percibidas como universales e inmutables.

- **Género:** es la construcción social y cultural que define las diferentes características emocionales, afectivas e intelectuales, así como los comportamientos que cada sociedad asigna como propios y naturales de hombres o de mujeres.

Figura 1.1. La distinción entre sexo y género es necesaria para conocer las consecuencias sociales que provoca la diferencia sexual.

- **Estereotipos de género:** conjunto de cualidades y características psicológicas y físicas que una sociedad asigna a hombres y mujeres, y responden a modelos, valores, comportamientos y actitudes definidos por el sexo de las personas, sin tener en cuenta su individualidad.

- **Prejuicios de género:** concepto directamente relacionado con los estereotipos, son juicios de valor, generalmente negativos, que se realizan sobre las habilidades o capacidades de una persona en función del sexo al que pertenecen, sin saber de modo cierto que eso sea así.

- **Roles de género:** son el conjunto de tareas, funciones y conductas que se derivan de los estereotipos marcados en una sociedad, es decir, se entiende que los hombres y mujeres tienen comportamientos inherentes a su condición sexual y, por tanto, los roles son las pautas de acción, comportamiento y expectativas asignadas según el género. Estos roles están sujetos a cambios ya que varían según el contexto histórico.

- **Discriminación directa:** se produce cuando una persona es tratada de manera menos favorable que otra en la misma situación, por razón de sexo o circunstancias asociadas al mismo, sin existir una justificación objetiva y razonable.

- **Discriminación indirecta:** es la que se da en los casos en que una disposición, criterio o práctica, neutra en apariencia, perjudica más a los miembros de un sexo. Dejará de considerarse discriminación en los casos en los que sea adecuada y necesaria y se justifique con criterios objetivos no relacionados con el sexo.

- **Acción positiva:** medidas específicas en favor de las mujeres para corregir situaciones de desigualdad respecto a los hombres. Son temporales —aplicables mientras subsista la desigualdad—, razonables y proporcionadas en relación con su objetivo.

- **Análisis de género:** es el estudio sistemático de programas, necesidades, participación, acceso a los recursos, proyectos, políticas y piezas legislativas sobre hombres y mujeres debidas a los roles asignados por la sociedad.

- **Perspectiva de género:** tratar algo con perspectiva de género consiste en prestar atención a las diferencias entre mujeres y hombres en cualquier actividad o acción que se planifique, y conseguir que las preocupaciones y experiencias de mujeres y hombres sean parte integral de la elaboración, puesta en marcha, control y evaluación de políticas y programas.

- **Equidad de género:** significa alcanzar la igualdad manteniendo el reconocimiento de la diferencia. Equidad significa justicia, es decir, dar a cada cual lo que le pertenece.

1.2. HOMBRES Y MUJERES: DIFERENTES PERO IGUALES

Si hombres y mujeres somos más parecidos que diferentes, ¿cuál es el origen de las diferencias que persisten actualmente en la mayoría de los países occidentales, y mucho más en los países en vías de desarrollo, diferencias que se convierten fácilmente en desigualdades? Estas diferencias son el resultado de la pervivencia de los roles y estereotipos de género tradicionales que aún se mantienen en muchos países occidentales como en España.

Los roles determinan acciones y comprenden las expectativas y normas que una sociedad establece sobre cómo debe actuar y sentir una persona en función de que sea mujer u hombre, prefigurando, así, una posición en la estructura social y representando unas funciones que se atribuyen y que son asumidas diferencialmente por mujeres y hombres.

Los roles femeninos son los relacionados con todas las tareas asociadas a la reproducción, crianza, cuidados, sustento emocional… y están inscritos, fundamentalmente, en el ámbito doméstico. Los roles masculinos están asociados a las tareas que tienen que ver con el productivo, el mantenimiento y sustento económico, principalmente desarrollados en el ámbito público.

Estos elementos, que vertebran cada una de las identidades, exteriorizándose en conjuntos de comportamientos, en funciones y papeles sociales, denominados roles femeninos o masculinos, y que se transmiten mediante las creencias sobre lo que deben ser y hacer mujeres y hombres, se denominan estereotipos. Los roles están directamente asociados a los ámbitos de relación y estos marcan tiempos y espacios diferentes.

Estos estereotipos persisten porque son transmitidos en el *Proceso de Socialización*: durante la socialización primaria, en la que el niño a través de los modelos familiares, observa cómo el padre desempeña unos determinados roles mientras que a la madre le corresponden otros, al mismo tiempo que poco a poco se va incorporando a un grupo de referencia u otro según sea su sexo, construyendo así su propia identidad. Esta socialización inicial es continuada por la escuela (socialización secundaria), consolidándose las diferencias en socialización de hombres y mujeres que a su vez contribuyen al mantenimiento de los estereotipos de género. Este proceso además tiene dos vertientes: una colectiva, donde los individuos, mujeres y hombres, se adaptan a las expectativas que sobre ellos tiene el resto de la sociedad y, una vertiente individual, cada persona perpetúa los roles y estereotipos, llevándolos a cabo en la vida y transmitiéndoselos a sus descendientes.

De este modo, la pertenencia a una u otra categoría sexual va a determinar distintas realidades sociales en la interacción con otras personas, así como diferencias en la identidad de los individuos, lo cual condicionará su comportamiento futuro, es decir, las futuras elecciones como los estudios y las aficiones, y por supuesto el desempeño profesional posterior, porque la mujer asumirá funciones familiares de mantenimiento del hogar, cuidado de los hijos y personas mayores, tareas que hoy día tendrá que compatibilizar con su trabajo… De ahí que, si persisten estas diferencias es porque mujeres y hombres interiorizan de forma automática su propio estereotipo.

1.3. IGUALDAD LEGAL E IGUALDAD REAL

Aunque los Estados democráticos reconocen la igualdad de todas las personas ante la ley, hace falta que se produzcan además cambios sociales y estructurales que hagan de ese principio constitucional una igualdad real y efectiva. Debido a los valores sociales y culturales sigue existiendo una gran distancia entre **la igualdad legal y la igualdad real.**

1.3.1 El principio de igualdad

El **principio de igualdad** es aquel que reconoce la equiparación de todas las personas en cuanto a derechos, libertades y obligaciones. El artículo 14 de la Constitución española prevé que todos los españoles son iguales ante la ley, sin que pueda prevalecer discriminación de ningún tipo por razón de nacimiento, raza, sexo, religión, opinión o cualquier otra condición o circunstancia personal o social.

Este principio, como derecho fundamental de las personas, se incluye en las constituciones de casi todos los países y es lo que se conoce como igualdad formal o **igualdad legal.**

La **igualdad real,** sin embargo, se refiere al principio de igualdad de trato entre mujeres y hombres, supone la ausencia de toda discriminación, directa o indirecta, por razón de sexo y, especialmente, las derivadas de la maternidad, la asunción de obligaciones familiares y el estado civil.

Aunque actualmente la igualdad está reconocida desde un punto de vista formal, es decir, en el ámbito jurídico, de tal forma que las leyes ofrecen un tratamiento igual a hombres y mujeres, esto no significa que exista una igualdad real. Tal y como recoge la Ley Orgánica 3/2007, de 22 de marzo, para la igualdad efectiva de mujeres y hombres, el pleno reconocimiento de la igualdad formal ante la ley resulta insuficiente.

La discriminación salarial, la discriminación en las pensiones de viudedad, el mayor desempleo femenino, la aún escasa presencia de las mujeres en puestos de responsabilidad política, social, cultural y económica, o los problemas de conciliación entre la vida personal, laboral y familiar muestran como la igualdad plena, efectiva, entre mujeres y hombres, es aún hoy una tarea pendiente, por lo que es necesario abordar un cambio en aquellos valores e ideas que provocan que se mantengan las desigualdades. La sensibilización en la igualdad de género abre el camino hacia ese cambio.

1.3.2 Tipos de discriminación

La **discriminación** se opone a la igualdad y según la definición del diccionario significa separar, distinguir, diferenciar con la intención de que una de las dos partes se diferencie de la otra. Las democracias se asientan sobre el principio de igualdad que, como en la Constitución española, quedan reflejadas en la normativa. Pero aunque las leyes son imprescindibles, existen obstáculos que impiden que exista una igualdad real, por lo que es necesaria la aplicación de una serie de políticas y medidas para compensar las situaciones de desigualdad que se dan en las posiciones de los hombres y las mujeres. A pesar de las leyes, siguen existiendo situaciones de discriminación que pueden ser:

Discriminación directa. Es la situación en la que se encuentra una persona que sea, haya sido o pudiera ser tratada, en atención a su sexo, de manera menos favorable que otra, en la misma situación. Por ejemplo, salarios diferentes, despidos por embarazo, diferentes contratos, etc. La discriminación directa por razón de sexo, o por cualquier otra condición, está **prohibida por la ley** y, por tanto, es más difícil de encontrar.

Discriminación indirecta. Mucho más complicada de probar, ocurre cuando una persona sufre una situación de desventaja por la aplicación de una práctica, criterio o tratamiento que aparentemente es neutro. Es una discriminación camuflada, que no se puede comprobar directamente. No es tan raro encontrar casos de discriminación indirecta, ya que a pesar de que muchas leyes, normas o prácticas sociales traten de igual forma a hombres y a mujeres, al final tienen como efecto un resultado negativo o desigual para las mujeres.

1.3.3 Usos y costumbres

La sociedad lleva siglos practicando la desigualdad entre hombres y mujeres, y los **usos y costumbres** tienden a mantener esta situación; las leyes y normas penalizan la discriminación por razón de sexo, pero es necesario trabajar por un cambio profundo en nuestros valores e ideas que hacen que se mantengan las desigualdades.

De ahí la importancia de comprender que la discriminación de las mujeres se produce de manera individual y colectiva, deliberada e inconsciente pues está tejida en las costumbres y la tradición. El sexismo se manifiesta en ataques directos a sus intereses o a ellas mismas y en ataques indirectos, provocados por el funcionamiento del sistema social o por la aplicación de medidas, de apariencia neutral, que repercuten especialmente en ellas debido a que se encuentran en peores condiciones para soportar sus efectos, o porque reúnen las condiciones para que se concentren en ellas los efectos perjudiciales de cierta actividad. Todo esto hace que las mujeres enfrenten situaciones que les impiden participar con plenitud en las sociedades donde viven.

Por eso es que las desigualdades entre los sexos no se pueden rectificar si no se tienen en cuenta los presupuestos sociales que han impedido la igualdad, especialmente los efectos que ha generado la división ámbito privado = femenino y ámbito público = masculino. La prolongada situación de marginación de las mujeres, la valoración inferior de los trabajos femeninos, su responsabilidad del trabajo doméstico, su constante abandono del mercado de trabajo en años esenciales del ciclo de vida, su insuficiente formación profesional...

La normativa jurídica que consagra la igualdad entre hombres y mujeres no es suficiente para acabar con estos usos avalados por la costumbre, se necesitan medidas proactivas, afirmativas, que detecten y corrijan los persistentes, sutiles y ocultos factores que ponen a las mujeres en desventaja frente a los hombres, provocando que quienes las evalúan y contratan tengan dudas sobre sus capacidades políticas o laborales. El hecho de que, en muchos casos, las mujeres no reconocen su estatuto de víctimas de la discriminación hace que involuntariamente se conviertan en cómplices de su perpetuación.

1.4. POLÍTICAS Y PLANES DE IGUALDAD DE OPORTUNIDADES ENTRE HOMBRES Y MUJERES

Para hacer frente a la problemática derivada de las desigualdades existentes entre mujeres y hombres, las instituciones públicas han desarrollado una serie de iniciativas políticas. Estas medidas se han denominado políticas de igualdad de oportunidades y han sido desarrolladas desde distintos organismos de ámbito internacional, estatal, autonómico y local.

La política institucional para la igualdad en España comenzó con la creación del Instituto de la Mujer y se materializó en los Planes para la Igualdad de Oportunidades de las Mujeres (PIOM), diseñados para eliminar la discriminación de género y promover la participación equitativa de las mujeres en la sociedad. Cada plan estableció objetivos y medidas específicos, con seguimiento y evaluación para medir su impacto.

- I PIOM (1988-1990): incluyó 120 medidas en áreas como justicia, empleo, educación y salud, alineándose con los programas europeos tras la incorporación de España a la Comunidad Europea en 1986.

- II PIOM (1993-1995): con 172 acciones, buscó avanzar hacia la igualdad real mediante medidas de acción positiva en educación, formación y empleo.

- III PIOM (1997-2000): integró la igualdad en todas las políticas gubernamentales y promovió la participación femenina, adoptando compromisos de la Conferencia de Beijing y el IV Programa Comunitario.

- IV PIOM (2003-2006): basado en la Estrategia Marco Comunitaria, combinó transversalidad de género con acciones positivas, fomentando la cooperación entre agentes sociales.

En 2007, la Ley Orgánica 3/2007 para la Igualdad Efectiva entre Mujeres y Hombres marcó un hito al establecer un marco legal integral para combatir la discriminación por sexo en todos los ámbitos. Esta norma, inspirada en valores democráticos y derechos humanos, introdujo Planes Estratégicos de Igualdad periódicos para garantizar la igualdad real, involucrando a todos los niveles de Gobierno y políticas públicas de manera transversal.

El artículo 17 de esta ley establece que «El Gobierno, en las materias que sean competencia del Estado, aprobará periódicamente un Plan Estratégico de Igualdad de Oportunidades, que incluirá medidas para alcanzar el objetivo de igualdad entre mujeres y hombres y eliminar la discriminación por razón de sexo».

En la actualidad está vigente el III Plan Estratégico para la Igualdad Efectiva de Mujeres y Hombres (PEIEMH) 2022-2025. Sus cuatro ejes de intervención son los siguientes:

- Buen gobierno: hacia formas de hacer y decidir más inclusivas.

- Economía para la vida y reparto justo de la riqueza.

- Hacia la garantía de vidas libres de violencia machista para las mujeres.

- Un país con derechos efectivos para todas las mujeres.

1.4.1 Empleo

Las políticas de igualdad de oportunidades de mujeres y hombres plantean, desde sus inicios, una incidencia particular en el ámbito del empleo, ya desde el Tratado de Roma, que en 1957 obligó a los Estados miembros a garantizar la aplicación del principio de Igualdad de Retribución entre trabajadoras y trabajadores que realizan el mismo desempeño.

En la Administración española estas condiciones están aseguradas por la Ley 7/2007, de 12 de abril, del Estatuto Básico del Empleado Público que señala, en su Disposición Adicional octava, la obligatoriedad de las Administraciones públicas a respetar la igualdad de trato y de oportunidades en el ámbito laboral y recoge, entre otras medidas, la del deber de elaborar y aplicar un Plan de Igualdad, para desarrollar en el convenio colectivo o acuerdo de condiciones de trabajo del personal funcionario, que sea aplicable en los términos previstos en el mismo.

La Ley Orgánica 3/2007, de 22 de marzo, para la Igualdad Efectiva de Mujeres y Hombres, en su Título IV, incorpora medidas para garantizar la igualdad entre mujeres y hombres en el acceso al empleo, en la formación y promoción profesional, y establece que las empresas de más de 250 personas trabajadoras deberán desarrollar planes de igualdad en la empresa. Asimismo, se fomentarán estos planes de igualdad en las empresas de menos de 250 personas trabajadoras con líneas específicas de subvención para su desarrollo e implementación.

El III Plan Estratégico para la Igualdad Efectiva de Mujeres y Hombres 2022-2025 identifica la autonomía económica como un objetivo clave para el bienestar, abarcando no solo el acceso a ingresos, sino también a servicios públicos, créditos y prestaciones sociales. El empleo, principal fuente de ingresos y derechos sociales (como pensiones o desempleo), es esencial para lograr esta autonomía y un foco central de las políticas públicas para la igualdad. Sin embargo, la división sexual del trabajo, que asigna a las mujeres la carga de los cuidados, junto con estereotipos, acoso, segregación horizontal y vertical, techo de cristal y brecha salarial, perpetúa la discriminación y precariedad laboral femenina, pese a su creciente participación en el mercado laboral.

Aunque hay avances lentos (como el aumento del salario mínimo interprofesional que reduce brechas retributivas), persisten desigualdades, agravadas por el impacto de la covid-19 en sectores feminizados (comercio, turismo, hostelería), lo que podría revertir logros. Además, la transición hacia economías digital y verde plantea el reto de incluir a las mujeres en áreas masculinizadas como las STEM (ciencia, tecnología, ingeniería y matemáticas) para evitar que queden rezagadas. Por ello, el plan prioriza intervenir en el mercado laboral para garantizar empleos de calidad e igualdad, enfocándose en sectores precarios y estratégicos, y apoyando a empresas comprometidas con estos objetivos.

Tabla 1.1. Objetivos específicos y operativos en los que se considera prioritario intervenir para promover un empleo sin desigualdades y discriminaciones de género. Fuente: III Plan Estratégico para la Igualdad Efectiva de Mujeres y Hombres 2022-2025

1	Impulsar medidas dirigidas a potenciar acceso al empleo de las mujeres, especialmente de aquellas con mayores dificultades de inserción laboral.
2	Mejorar las condiciones laborales de las mujeres reduciendo la temporalidad, parcialidad y, en general, la precariedad laboral que las afecta mayoritariamente, y prestando especial atención a los trabajos feminizados, entre otros, los trabajos remunerados de cuidados y aquellos que se desarrollan en el sector primario.

3	Reforzar la actuación con perspectiva de género de la Inspección de Trabajo y Seguridad Social e intensificar las actuaciones en garantía de cumplimiento de previsiones legales sobre infracciones laborales en materia de igualdad.
4	Apoyar el emprendimiento de mujeres promotoras de empleo y autoempleo, con especial atención a las mujeres de ámbitos rurales y zonas en declive demográfico, del sector primario y de otros de las economías digital y verde, así como a las mujeres migrantes y/o racializadas susceptibles de discriminación interseccional, y a la creación de empresas lideradas por mujeres en los ámbitos científico-tecnológico, digital y en la economía medioambiental, entre otras.
5	Impulsar la titularidad femenina de las explotaciones agrarias y ganaderas a través de la aplicación efectiva de la Ley 35/2011.
6	Fomentar la presencia de mujeres en áreas científico-tecnológicas y en los sectores más avanzados e intensivos científico-técnicos ligados, prioritariamente, a la economía verde.
7	Avanzar en la erradicación de las desigualdades de género que persisten en el ámbito de la investigación eliminando las barreras y sesgos de género que dificultan el acceso y progreso en la carrera investigadora en igualdad de condiciones.

1.4.2 Educación

La educación es, desde edades tempranas, uno de los pilares fundamentales de socialización y, por tanto, se convierte en una de las estrategias básicas para conseguir un avance significativo en la igualdad entre mujeres y hombres en todas las áreas de actuación.

Las políticas de igualdad intentan transformar el sistema educativo y las concepciones de la educación que obstaculizan una mayor participación de las mujeres en los ámbitos de la investigación y de la toma de decisiones educativas y culturales. Ello requiere una revisión profunda de los fines, contenidos, métodos, evaluación y recursos del sistema educativo, así como de la formación del profesorado.

La coeducación sirve para contribuir a superar las limitaciones estereotipadas de roles, y permite un desarrollo más equilibrado y libre de la personalidad, ayudando a construir relaciones entre los sexos basadas en el respeto y la corresponsabilidad e impulsando la participación de hombres y mujeres en todos los espacios de la sociedad.

Numerosas instituciones tanto de ámbito estatal como autonómico promueven la elaboración de recursos didácticos y proyectos docentes de investigación en este ámbito, y también los difunden y promueven el debate con el fin de que se conozcan y reconozcan las aportaciones de las mujeres a la educación.

En relación con la educación física se fomenta la participación de las mujeres en la práctica de actividades físico-deportivas, al tiempo que se promueve un cambio de modelos en el deporte. En el ámbito del arte y la cultura se favorece la difusión de obras realizadas por mujeres que cuestionan el patriarcado y abren nuevos campos la creación.

1.4.3 Salud

La salud no es solo ausencia de enfermedad o dolencia, sino un estado de pleno bienestar físico, mental y social. Un bienestar que no se logra cuando existe desigualdad. Las mujeres se ven afectadas por la mayoría de las condiciones de salud igual que los hombres, pero las mujeres las experimentan de diferente manera. La incidencia de la pobreza económica, la violencia que se ejerce sobre ellas y las actitudes negativas hacia las mujeres y las niñas, la discriminación racial y de otra índole, el limitado poder que muchas mujeres ejercen sobre su vida sexual y reproductiva y su falta de influencia en la toma de decisiones son realidades sociales que tienen un impacto perjudicial sobre la salud.

El género también influye en las causas y la forma de iniciarse y continuar en el consumo de sustancias como alcohol, tabaco, psicofármacos u otras drogas, que son distintas entre mujeres y hombres.

La construcción social del género hace a las mujeres especialmente vulnerables a los embarazos no deseados y a infecciones de transmisión sexual y el VIH. Igualmente, la construcción social del género lleva a muchas mujeres a mantener una doble jornada laboral, a asumir sobrecargas del cuidado familiar y las consecuencias de la discriminación laboral que puede dificultar la elección y el ejercicio de la maternidad.

Desde el Observatorio de Salud de las Mujeres de la Dirección General de Salud Pública, se trabaja en la elaboración de líneas de actuación comunes para la disminución de las desigualdades en salud por razón de género, desde una perspectiva de participación y colaboración de todos los agentes implicados, generando y difundiendo conocimiento que permita el análisis de género y promueva la inclusión del enfoque de género en las políticas públicas y sistemas de salud.

A continuación, se presentan los diferentes ejes en los que se articulan dichas actuaciones:

- Investigación.
- Formación.
- Violencia contra las mujeres.
- Salud sexual y reproductiva.
- Políticas de género.

Observatorio de Salud de las Mujeres

Figura 1.2. A través del Observatorio de Salud de las Mujeres se promueven acciones para disminuir las desigualdades de género en el ámbito de la salud.

1.5. LEGISLACIÓN RELATIVA A LA IGUALDAD DE OPORTUNIDADES

La **Constitución española,** en su artículo 14, dictamina que «los españoles son iguales ante la ley, sin que pueda prevalecer discriminación alguna por razón de nacimiento, raza, sexo, religión, opinión o cualquier otra condición o circunstancia personal o social».

Por su parte, el artículo 9.2 establece que «corresponde a los poderes públicos promover las condiciones para que la libertad y la igualdad del individuo y de los grupos en que se integra sean reales y efectivas; remover los obstáculos que impidan o dificulten su plenitud y facilitar la participación de todos los ciudadanos en la vida política, económica, cultural y social».

La normativa de referencia en términos de igualdad de género es la Ley Orgánica 3/2007, de 22 de marzo, para la igualdad efectiva entre mujeres y hombres, que reconoce expresamente a todas las personas el disfrute de los derechos derivados del principio de igualdad de trato y de la prohibición de discriminación por razón de sexo en cualesquiera de los ámbitos de la vida y, singularmente, en las esferas política, civil, laboral, económica, social y cultural. Esta ley propone alcanzar una sociedad más democrática, más justa y solidaria, con el desarrollo de los artículos 9.2 y 14 de la Constitución.

El desarrollo de estos derechos se ha materializado en la aprobación de numerosas leyes encaminadas a conseguir la igualdad de trato y de oportunidades en ambos sexos. La norma más destacada de entre todas las disposiciones normativas nacionales encaminadas a hacer efectivo el principio de igualdad de entre mujeres y hombres es, sin duda alguna, **Ley Orgánica 3/2007, de 22 de marzo, para la Igualdad efectiva de mujeres y hombres,** cuyo artículo 15, bajo el título «Transversalidad del principio de igualdad de trato entre mujeres y hombres», dispone que «El principio de igualdad de trato y oportunidades entre mujeres y hombres informará, con carácter transversal, la actuación de todos los poderes públicos. Las Administraciones públicas lo integrarán, de forma activa, en la adopción y ejecución de sus disposiciones normativas, en la definición y presupuestación de políticas públicas en todos los ámbitos y en el desarrollo del conjunto de todas sus actividades».

A continuación, detallamos las principales normas nacionales y europeas en materia de igualdad.

Normativa nacional

- Ley 39/1999, de 5 de noviembre, para promover la conciliación de la vida familiar y laboral de las personas trabajadoras.
- Ley 39/2006, de 14 de diciembre, de Promoción de la Autonomía Personal y Atención a las personas en situación de dependencia.
- Ley Orgánica 3/2007, de 22 de marzo, para la igualdad efectiva de mujeres y hombres.
- Ley 20/2007, de 11 de julio, del Estatuto del trabajo autónomo.
- Real Decreto 615/2007, de 11 de mayo, por el que se regula la Seguridad Social de los cuidadores de las personas en situación de dependencia.
- Real Decreto 1917/2008, de 21 de noviembre, por el que se aprueba el programa de inserción sociolaboral para mujeres víctimas de violencia de género.
- Real Decreto 1615/2009, de 26 de octubre, por el que se regula la concesión y utilización del distintivo «Igualdad en la Empresa».
- Real Decreto 713/2010, de 28 de mayo, sobre registro y depósito de convenios y acuerdos colectivos de trabajo.
- Ley 23/2015, de 21 de julio, Ordenadora del Sistema de Inspección de Trabajo y Seguridad Social.
- Real Decreto Legislativo 2/2015, de 23 de octubre, por el que se aprueba el texto refundido de la Ley del Estatuto de los Trabajadores.
- Real Decreto Legislativo 5/2015, de 30 de octubre, por el que se aprueba el texto refundido de la Ley del Estatuto Básico del Empleado Público.

- Real Decreto Legislativo 8/2015, de 30 de octubre, por el que se aprueba el texto refundido de la Ley General de la Seguridad Social.

- Resolución de 25 de noviembre de 2015, de la Secretaría de Estado de Administraciones Públicas, por la que se establece el procedimiento de movilidad de las empleadas públicas víctimas de violencia de género.

- Real Decreto 850/2015, de 28 de septiembre, por el que se modifica el Real Decreto 1615/2009, de 26 de octubre, por el que se regula la concesión y utilización del distintivo «Igualdad en la Empresa».

- Real Decreto Ley 6/2019, de 1 de marzo, de medidas urgentes para garantía de la igualdad de trato y de oportunidades entre mujeres y hombres en el empleo y la ocupación.

- Real Decreto 902/2020, de 13 de octubre, de igualdad retributiva entre mujeres y hombres.

- Real Decreto 901/2020, de 13 de octubre, por el que se regulan los planes de igualdad y su registro y se modifica el Real Decreto 713/2010, de 28 de mayo, sobre registro y depósito de convenios y acuerdos colectivos de trabajo.

- Ley Orgánica 10/2022, de 6 de septiembre, de garantía integral de la libertad sexual.

Normativa europea

- Directiva 2000/78/CE del Consejo, de 27 de noviembre de 2000, relativa al establecimiento de un marco general para la igualdad de trato en el empleo y la ocupación.

- Directiva del Consejo 2004/113/CE, de 13 de diciembre de 2004, por la que se aplica el principio de igualdad de trato entre hombres y mujeres al acceso a bienes y servicios y su suministro.

- Directiva 2006/54/CE del Parlamento Europeo y del Consejo, de 5 de julio de 2006, relativa a la aplicación del principio de igualdad de oportunidades e igualdad de trato entre hombres y mujeres en asuntos de empleo y ocupación.

- Directiva 2010/41/UE del Parlamento Europeo y del Consejo, de 7 de julio de 2010, sobre la aplicación del principio de igualdad de trato entre hombres y mujeres que ejercen una actividad autónoma, y por la que se deroga la Directiva 86/613/CEE del Consejo.

- Propuesta de Directiva del Parlamento Europeo y del Consejo relativa a unas condiciones laborales transparentes y previsibles en la Unión Europea.

- Directiva (UE) 2019/1158 del Parlamento Europeo y del Consejo, de 20 de junio de 2019, relativa a la conciliación de la vida familiar y la vida profesional de los progenitores y los cuidadores, y por la que se deroga la Directiva 2010/18/UE del Consejo.

- Directiva (UE) 2023/970 por la que se refuerza la aplicación del principio de igualdad de retribución entre hombres y mujeres por un mismo trabajo.

 El BOE a través de la colección «Códigos Electrónicos» ofrece compilaciones de las principales normas vigentes del ordenamiento jurídico, permanentemente actualizadas. Código QR de la normativa actualizada en igualdad de género.

Por otra parte, son de especial relevancia las más recientes disposiciones normativas en materia de conciliación, que contribuyen de manera decisiva en la igualdad de oportunidades. Destacamos las siguientes:

- **Real Decreto Ley 5/2023, de 28 de junio, por el que se modifica el Estatuto de los Trabajadores y concretamente los permisos y las medidas de conciliación de la vida familiar y profesional, entre otras.**

  Este RD introduce cambios en los permisos laborales, como consecuencia de la transposición de la Directiva de la UE 2019/1158, de 20 de junio de 2019, relativa a la **conciliación de la vida familiar y profesional de los progenitores y cuidadores.**

- **Artículo 4.2.c) Estatuto de los Trabajadores. Derechos laborales.**

  Se añade a este artículo que el **trato desfavorable** a mujeres u hombres, por el ejercicio de sus **derechos de conciliación o corresponsabilidad de la familiar y laboral,** será constitutivo de **discriminación por razón de sexo.**

- **Artículo 34.8 Estatuto de los Trabajadores. Adaptación de jornada.**

  Se modifica el art. 34.8 ET en lo relativo a la adaptación de jornada, comúnmente conocida como *jornada a la carta,* en la que los trabajadores tienen derecho a solicitarla.

  Tendrán derecho de adaptación en la duración y distribución de la jornada de trabajo, en la ordenación del tiempo de trabajo y en la forma de prestación, incluida la prestación de su trabajo a distancia, cuando el trabajador tenga necesidades de cuidado de:

  a) Los hijos menores o mayores de doce años que requieran cuidado directo.

  b) El cónyuge o pareja de hecho, familiares por consanguinidad hasta el segundo grado de la persona trabajadora.

c) Otras personas dependientes que convivan en el mismo domicilio, y que por razones de edad, accidente o enfermedad no puedan valerse por sí mismas. Se deberán justificar las circunstancias en las que fundamenta su petición.

- **Artículo 37. Estatuto de los Trabajadores. Permisos Retribuidos.**

  - **Permiso por matrimonio.**

    Se mantienen los 15 días naturales, pero se amplía a las **parejas de hecho** que se registren.

  - **Accidentes de trabajo o enfermedades graves.**

    En caso de fallecimiento, accidente o enfermedades graves, hospitalización o intervención quirúrgica sin hospitalización **se amplía el permiso a 5 días,** con independencia de que exista o no desplazamiento.

    Se amplían las personas que tienen derecho a dicho permiso, concretamente:

    a) Cónyuge o pareja de hecho.

    b) Familiares o parientes hasta el 2.º grado, incluidos los de la pareja de hecho.

    c) Cualquier otra persona distinta a las anteriores que conviva con la persona trabajadora en el mismo domicilio y que requiera de su cuidado efectivo.

  - **Permiso por fallecimiento.**

    Se reconoce el permiso de **2 días** por el fallecimiento del:

    a) Cónyuge o pareja de hecho.

    b) Familiares o parientes hasta el 2.º grado, incluidos los de la pareja de hecho.

    Este permiso se amplía a **4 días** en caso de desplazamiento.

  - **Permiso por lactancia.**

    En los casos de nacimiento, adopción, guarda con fines de adopción o acogimiento, se tiene derecho a **1 hora de ausencia** en el trabajo para el cuidado del lactante hasta que este cumpla 9 meses. Se permite el disfrute en **dos fracciones de ½ hora cada una,** así como el **incremento proporcional** en los casos de nacimiento, adopción, guarda con fines de adopción o acogimiento **múltiple.**

    Ello también podrá **acumularse en jornadas completas** en los términos que establezca el convenio colectivo o el acuerdo con la empresa.

PERMISOS RETRIBUIDOS
POR MOTIVOS FAMILIARES

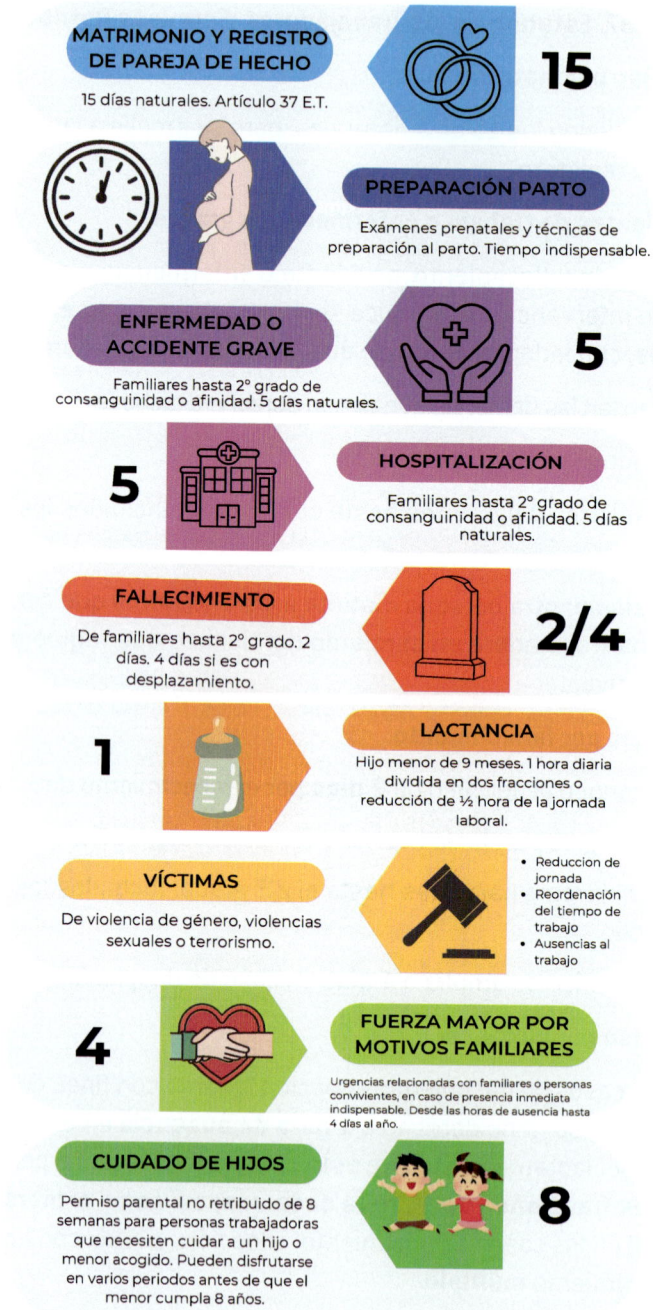

MATRIMONIO Y REGISTRO DE PAREJA DE HECHO

15 días naturales. Artículo 37 E.T.

15

PREPARACIÓN PARTO

Exámenes prenatales y técnicas de preparación al parto. Tiempo indispensable.

ENFERMEDAD O ACCIDENTE GRAVE

Familiares hasta 2º grado de consanguinidad o afinidad. 5 días naturales.

5

5

HOSPITALIZACIÓN

Familiares hasta 2º grado de consanguinidad o afinidad. 5 días naturales.

FALLECIMIENTO

De familiares hasta 2º grado. 2 días. 4 días si es con desplazamiento.

2/4

1

LACTANCIA

Hijo menor de 9 meses. 1 hora diaria dividida en dos fracciones o reducción de ½ hora de la jornada laboral.

VÍCTIMAS

De violencia de género, violencias sexuales o terrorismo.

- Reduccion de jornada
- Reordenación del tiempo de trabajo
- Ausencias al trabajo

4

FUERZA MAYOR POR MOTIVOS FAMILIARES

Urgencias relacionadas con familiares o personas convivientes, en caso de presencia inmediata indispensable. Desde las horas de ausencia hasta 4 días al año.

CUIDADO DE HIJOS

Permiso parental no retribuido de 8 semanas para personas trabajadoras que necesiten cuidar a un hijo o menor acogido. Pueden disfrutarse en varios periodos antes de que el menor cumpla 8 años.

8

Figura 1.3. Resumen de los principales permisos pormotivos familiares.

Cuando **ambos progenitores,** adoptantes, guardadores o acogedores ejerzan este derecho con la misma duración y régimen, el periodo de disfrute podrá **extenderse hasta que el lactante cumpla doce meses,** con reducción proporcional del salario a partir del cumplimiento de los nueve meses.

- **Nuevo permiso parental. (Art. 48 Bis Estatuto de los Trabajadores)**

Se trata de un **permiso parental específico** que se ocupa del cuidado de los hijos e hijas, o de las niñas y niños acogidos por más de un año, y hasta la edad de 8 años, intransferible y con posibilidad de su disfrute de manera flexible.

Es una nueva causa de suspensión, con reserva de puesto de trabajo, contractual del según el art. 45.o) del Estatuto de los Trabajadores.

Este permiso tendrá una duración no superior a 8 semanas, continuas o discontinuas.

Es intransferible, y podrá ser disfrutado a tiempo completo, o en régimen de jornada a tiempo parcial.

- **Permiso por nacimiento y cuidado de menor**

Con la entrada en vigor del Real Decreto-ley 9/2025, a partir del 31 de julio de 2025 se amplía el permiso de nacimiento y cuidado, mediante la modificación del texto refundido de la Ley del Estatuto de los Trabajadores, el texto refundido de la Ley del Estatuto Básico del Empleado Público y el texto refundido de la Ley General de la Seguridad Social.

El permiso, que pasa de 16 a 19 semanas, es igual para ambos progenitores, lo que mejora la conciliación de las familias y la corresponsabilidad en los cuidados, al tiempo que favorece la participación laboral de las mujeres y reduce la brecha de género.

Una de las nuevas semanas, dos para familias monoparentales, se disfrutará durante el primer año del bebé o en los primeros 12 meses de la adopción, guarda o acogimiento familiar.

Las otras dos semanas, cuatro para familias monoparentales, se pueden disfrutar de forma flexible hasta que el menor cumpla 8 años. Se podrán acoger a estas dos últimas semanas de forma retroactiva las familias cuyos hijos hayan nacido a partir del 2 de agosto de 2024.

Por tanto, la distribución de las semanas queda del siguiente modo:

- **6 semanas ininterrumpidas** con carácter obligatorio a partir del nacimiento o adopción.

- **11 semanas a libre disposición,** a disfrutarse dentro de los primeros 12 meses de edad del menor.

- **2 semanas** para el cuidado del menor que podrán utilizarse hasta que cumpla 8 años.

En el caso de familias monoparentales, la distribución es la misma, pero con distinta duración:

- 6 semanas ininterrumpidas a partir del nacimiento o adopción.

- 22 semanas a libre disposición que podrán disfrutarse dentro de los primeros 12 meses de edad del menor.

- 4 semanas para el cuidado del menor que podrán utilizarse hasta que cumpla 8 años.

1.6. EL SEXISMO EN LA COMUNICACIÓN HUMANA

Una de las manifestaciones más notables de la desigualdad entre varones y mujeres es la invisibilización de la mujer en el lenguaje. Es preciso cambiar nuestro modo de hablar y de escribir para visibilizar y reconocer lo que mujeres y hombres aportan a nuestras sociedades. El lenguaje tiene una importancia fundamental en el desarrollo de las personas porque además de nombrar la realidad, la interpreta y la crea a través de conceptos.

La lengua es una realidad cambiante y evoluciona en cada época para responder a las necesidades de la comunidad que la utiliza. En una sociedad que demanda igualdad de oportunidades entre hombres y mujeres, la lengua como producto social no solo debe reflejar esa demanda, sino contribuir a ella.

Por otra parte, si cambiamos nuestra concepción del mundo, al menos en lo que respecta a la igualdad, conseguiremos cambiar el lenguaje. Si tomamos conciencia de que mujeres y hombres son igualmente importantes, esto supondrá reflejar el aporte de las mujeres y concederles el mismo grado de protagonismo, sin relegarlas a una situación de subordinación al hombre. Si pensamos así, esto quedará reflejado en nuestros mensajes. Pero el primer paso siempre resulta difícil y son necesarios algunos cambios previos en el lenguaje para que se puedan nombrar a las mujeres y establecer una mirada más completa de la realidad, pues de igual forma que las mujeres han avanzado progresivamente en la sociedad, el lenguaje debe evolucionar para plasmar esa realidad.

El lenguaje sexista es una manifestación concreta de la idea de que las mujeres no experimentan una condición de igualdad ante los hombres. En el siglo XIX se iniciaron las reflexiones acerca de esta inequidad, a partir de los estudios feministas sobre lingüística. Desde ese momento se ha avanzado lentamente en los esfuerzos por consolidar un lenguaje no sexista y aplicarlo a las características de cada comunidad, eliminando la discriminación consecuente.

Es importante constatar otra vez que la existencia de instrumentos legales para combatir la discriminación hacia las mujeres no ha significado el establecimiento real de la observancia o respeto al derecho de igualdad ante la ley y las oportunidades.

Después de la publicación de la Declaración Universal de los Derechos Humanos y la Convención sobre la Eliminación de Todas las Formas de Discriminación contra la Mujer (CEDAW, por sus siglas en inglés), el gran reto sigue siendo su aplicación concreta en las disposiciones locales de los Estados parte de la Organización de las Naciones Unidas (ONU).

El lenguaje sexista promueve la exclusión de género porque, de acuerdo con el artículo 1.º de la CEDAW, discriminación contra la mujer es «toda distinción, exclusión o restricción basada en el sexo que tenga por objeto o resultado menoscabar o anular el reconocimiento, goce o ejercicio por la mujer, independientemente de su estado civil, sobre la base de la igualdad del hombre y la mujer, de los derechos humanos y las libertades fundamentales en las esferas política, económica, social, cultural y civil o en cualquier otra esfera»

De manera más precisa, se puede ubicar al lenguaje sexista como una forma de discriminación indirecta, cuyo efecto inmediato y tangible no es el de restringir el acceso de las personas y los grupos a los derechos y a las oportunidades, pero sí contribuir a crear condiciones, legitimar y naturalizar la existencia de menores derechos y oportunidades para ellas.

Por último y aunque la comunicación verbal es la principal forma de comunicación humana, también existe la comunicación no verbal, que es otra manera de emitir mensajes a través principalmente de imágenes, muy utilizada en los medios de comunicación, la publicidad y las expresiones artísticas, y donde también existe un fuerte componente de sexismo; desde el código del rosa y el azul hasta los más complicados imaginarios de la publicidad.

1.6.1 Comunicación humana y cultura

La comunicación humana es un proceso mediante el cual las personas transmitimos información así como nuestros sentimientos o pensamientos. Esta comunicación supone el aprendizaje y la utilización de códigos específicos para la transmisión de mensajes y experiencias con el objeto de permitir a las personas relacionarse entre sí.

El lenguaje es el instrumento fundamental de la comunicación, porque es el vehículo que nos permite comunicar el sistema de valores, comportamientos y papeles que distinguen a las personas y a los grupos en referencia a sus funciones sociales, también es una de las vías principales para emitir y reproducir prejuicios y estereotipos discriminatorios.

En la mayoría de las culturas la idea de lo masculino emerge como concepto central, mientras que lo femenino aparece como marginal. El efecto más nocivo de lo anterior es el sexismo, es decir, la discriminación de un sexo por considerarlo inferior al otro. Las mujeres han sido históricamente discriminadas bajo el argumento de que sus características biológicas y fisiológicas, íntimamente relacionadas con la menstruación, gestación, parto y lactancia, las vincula estrechamente y las sujeta a las leyes de la naturaleza; mientras que los hombres, precisamente por lo contrario, estarían más cercanos a la creación de cultura y a las leyes del pensamiento.

Cambiar estas condiciones podría ser una evolución natural del cambio de paradigma cultural de las sociedades occidentales actuales, si no existieran los medios de comunicación y la publicidad como fuertes transmisores de la cultura patriarcal, actuando de contrapeso y ejercitando su condición de potentes agentes de socialización de forma diferenciada y discriminatoria hacia la mujer, como veremos a continuación.

1.6.2 La imagen de las mujeres en la publicidad

Los medios de comunicación y la publicidad son cada vez más preponderantes en la transmisión de una imagen anacrónica y estereotipada de las mujeres. Nuevas representaciones, a veces igualmente discriminatorias, coexisten con los estereotipos sexistas tradicionales en torno a ellas. Para que los valores y referentes masculinos y femeninos no sean un factor limitador a la hora de configurar la identidad personal, es imprescindible que muchos de los comportamientos, funciones y roles que desempeñan las mujeres sean reconocidos como valiosas formas de ser y de estar en el mundo, como formas de interpretar con libertad la diferencia sexual y no como algo que sirve para justificar las desigualdades entre mujeres y hombres.

En los artículos 36-41 de la Ley Orgánica 3/2007, de 22 de marzo, por la igualdad efectiva de mujeres y hombres, se indica que «los medios tienen que velar por la transmisión de una imagen igualitaria, plural y no estereotipada de mujeres y hombres en la sociedad, y promover el conocimiento y la difusión del principio de igualdad entre mujeres». Es importante sensibilizar, pues, sobre los efectos de las imágenes con el fin de representar a las personas, en general, y las figuras masculinas y femeninas, en particular, en igualdad de oportunidades y sin sesgos de género.

En España el Instituto de las Mujeres promueve la igualdad entre mujeres y hombres en los medios de comunicación, actuando de acuerdo con los objetivos de los planes de igualdad y la legislación vigente, que regula los contenidos de los medios y la publicidad para evitar conductas que favorezcan situaciones de desigualdad, la utilización de la imagen de las mujeres con carácter vejatorio o discriminatorio, y sigue las pautas marcadas por acuerdos internacionales como la Conferencia Mundial de la Mujer de Beijing de 1995 y las demandas del Consejo de Europa a los Estados miembros para que amolden sus legislaciones. Además, el Observatorio de la Imagen de las Mujeres (OIM) se creó para dar cumplimiento de los compromisos legales, tanto europeos como nacionales, de fomentar una imagen equilibrada y no estereotipada de las mujeres. Se gestiona desde el Instituto de las Mujeres y su objeto es analizar la representación de las mujeres en la publicidad y en los medios de comunicación, ver cuáles son los roles más significativos que se les atribuyen y, en el caso de que estos sean sexistas, realizar acciones que contribuyan a suprimir las imágenes estereotipadas. Para determinar si un contenido es sexista o discriminatorio, se analiza la presencia de alguno de los siguientes factores:

- Frivolizar o justificar, de cualquier manera, comportamientos o actitudes que impliquen alguna forma de violencia contra las mujeres.

- Situar a las mujeres en posiciones de subordinación o inferioridad, con menores capacidades o no aptas para asumir responsabilidades.

- Menospreciar o ridiculizar las actividades o valores atribuidos a las mujeres, o contraponer la superioridad de los masculinos o femeninos.

- Ridiculizar, infravalorar o presentar de forma vejatoria a las mujeres en cualquier clase de actividad profesional.

- Utilizar a la mujer y su cuerpo reducido exclusivamente a un mero objeto sexual, pasivo y al servicio de la sexualidad y los deseos del hombre.

- Exhibir imágenes del cuerpo femenino, o partes del mismo, como un recurso para captar la atención o como un adorno o reclamo, ajeno al contenido del anuncio y lo anunciado.

- Fomentar un modelo de belleza femenino basado en la juventud, delgadez o perfección corporal, de acuerdo a cánones poco reales, y que puedan proponer comportamientos lesivos para la salud de las mujeres o asociarse a su éxito personal y social.

- Asignar a las mujeres, de manera clara y diferenciada, la responsabilidad exclusiva o principal de cuidados a terceros y al ámbito doméstico, excluyendo o asignando un plano secundario a los hombres en dicha responsabilidad.

- Atribuir capacidades según el sexo para el ejercicio de diferentes profesiones o categorías profesionales, de forma que se sugiera la falta de aptitud de las mujeres o los hombres para el ejercicio de alguna de ellas.

- Establecer diferencias con respecto a las distintas opciones o actividades sociales que son adecuadas para hombres o para mujeres. Con especial atención a la infancia y la publicidad de juguetes.

- Recurrir a un lenguaje que de forma clara invisibiliza o excluye a las mujeres, como, por ejemplo, cuando hay contradicción entre la imagen y el texto en el género aludido.

Algunas estrategias para utilizar imágenes inclusivas pueden ser:

- Representar al grupo humano con imágenes e iconos femeninos y masculinos cuando se refiere a las personas. Se tiene que evitar la homogeneización de los iconos y tomar como modelo único y universal la figura masculina.

- Visibilizar a las mujeres en las imágenes que hacen referencia al grupo humano o a determinadas actividades de ámbitos diferentes, y reconocer hitos conseguidos, las aportaciones, etc.

- Evitar la asignación de valores y estereotipos de género: limitando espacios, actitudes y posibilidades.

- En el diseño de logotipos u otros iconos, introducir la perspectiva de género para evitar que la marca que se cree pueda tener una interpretación androcéntrica. Se tienen que proponer iconos neutros, inclusivos y equitativos.

- Cuando se represente a un grupo mixto, evitar situar a las mujeres en un segundo plano y con poca visibilidad, promover que ellas jueguen un papel activo y evitar que aparezcan por separado (las mujeres a un lado y los hombres en otro).

1.6.3 Alternativas para una comunicación verbal no sexista

El lenguaje, instrumento de comunicación humana, está íntimamente relacionado con el pensamiento y con la vida social. La lengua, por un lado, ayuda a la formación del pensamiento individual y de los valores sociales y, por otro lado, manifiesta el pensamiento del individuo y la realidad de la sociedad. En este sentido, es un hecho que hasta hace pocas décadas la presencia de la mujer estaba muy limitada socialmente y de esa casi invisibilidad social femenina quedan huellas en la lengua. Pero también es un hecho que la mujer participa actualmente en los distintos ámbitos de la sociedad. Por eso, es necesario que ahora se modifiquen aquellos aspectos de la lengua que ocultan a la mujer, a fin de que la lengua refleje esta presencia real.

Unos de los principios generales recogidos en el artículo 14.11 del capítulo I de la Ley Orgánica 3/2007, de 22 de marzo, por la igualdad efectiva de mujeres y hombres, es la implantación de un lenguaje no sexista en el ámbito administrativo y su fomento en la totalidad de las relaciones sociales, culturales y artísticas. Es importante sensibilizar, pues, sobre los efectos de un uso discriminatorio del lenguaje con el fin de representar a las personas, en general, y las figuras masculinas y femeninas, en particular, en igualdad de oportunidades y sin sesgos de género.

Los principales argumentos para hacer uso de un lenguaje no sexista e inclusivo son los siguientes:

- **Igualdad ante la ley:**

  La Constitución española garantiza la igualdad de todas las personas sin importar sexo, raza, edad, etnia, orientación sexual o religión, subrayando que respetar la dignidad implica reconocer la individualidad de cada persona.

- **Sexismo y sobrevaloración de lo masculino:**

  Invisibilizar a las mujeres en discursos, textos o ilustraciones, al no nombrarlas, es sexista, ya que exalta lo masculino mientras desvaloriza lo femenino, ignorando que las mujeres representan el 51 % de la población.

- **Androcentrismo:**

  Usar términos como «el hombre» o «ser humano» para referirse a toda la humanidad refleja una visión androcéntrica que centra lo humano en lo masculino, lo que desmerece a las mujeres y atenta contra su dignidad al discriminarlas.

- **Igualdad en la diferencia:**

  No nombrar a las mujeres en contextos donde ambos géneros están involucrados las hace «desaparecer», perpetuando desigualdad. La lengua española ofrece alternativas no sexistas para evitar esto.

- **Género gramatical:**

  En español, el género gramatical (masculino y femenino) es un rasgo lingüístico, no siempre relacionado con el sexo. Todos los sustantivos tienen un género gramatical, pero no todos los sustantivos designan seres sexuados. Además, no siempre hay relación entre sexo y género, por ejemplo, si hablamos de «la víctima», tiene género gramatical femenino, pero se refiere tanto a hombres como mujeres, o los sustantivos colectivos, «el funcionariado», es de género gramatical masculino, pero incluye a todas las personas.

Recomendaciones para un uso no sexista del lenguaje

✓ Evitar el falso genérico «hombre» con sentido de «ser humano» o «humanidad» porque invisibiliza a las mujeres.

Uso evitable	Propuesta alternativa
Los alumnos	El alumnado
Los profesores	El profesorado
Los trabajadores	El personal
Los asistentes	Las personas asistentes
Los premiados	Las personas premiadas

✓ Desdoblar lo menos posible. En caso de ser necesario, no hacerlo de manera consecutiva.

Uso evitable	Propuesta alternativa
Los vecinos y las vecinas	El vecindario
Estimados compañeros y estimadas compañeras	Estimados y estimadas colegas
Alumnos y alumnas matriculados y matriculadas en Matemáticas	El estudiantado de Matemáticas; Alumnos y alumnas de Matemáticas

✓ Diferenciar el uso del masculino y del femenino en la designación de profesiones y actividades. Utilizar el femenino cuando el referente sea una mujer.

Uso evitable	Propuesta alternativa
La jefe de departamento	La jefa de departamento
La médico	La médica
La juez	La jueza

✓ Sustituir los adjetivos con desinencia de género por un sinónimo invariable en género (siempre que no cambie el significado).

Uso evitable	Propuesta alternativa
Intervendrán distintos ponentes	Intervendrán diferentes ponentes
Están capacitados para	Son capaces de
Los restantes vocales	El resto de vocales

✓ Sustituir artículos y determinantes por construcciones invariables en cuanto a género.

Uso evitable	Propuesta alternativa
Se llamará a los titulares por la mañana	Se llamará a cada titular por la mañana
Unos dos mil asistentes	Aproximadamente dos mil asistentes
Dichos responsables supervisarán	Tales responsables supervisarán

✓ Cambiar locuciones con masculino genérico por pronombres indefinidos.

Uso evitable	Propuesta alternativa
El que La que Los que Las que (p. ej. «Los que vengan después»)	Quien / Quienes (p. ej. «Quienes vengan después»)
Un / Una (p. ej. «Cuando uno tiene hambre»)	Alguien (p. ej. «Cuando alguien tiene hambre»)
Uno Todos (p. ej. «Todos los interesados pueden apuntarse»)	Cualquier / Cualquiera Cualesquiera (p. ej. «Cualquier persona interesada puede apuntarse»)

✓ Sustituir, siempre que sea posible, los participios en masculino genérico por sinónimos invariables en género.

Uso evitable	Propuesta alternativa
Han preferido, forzados por las circunstancias, venir por la mañana	Han preferido, dadas las circunstancias, venir por la mañana
Que no estén incluidos en la lista	Que no figuren en la lista
Podrá ser declarado apto	Podrá aprobar(se) por/para; Podrá aceptarse para

✓ Evitar uso de palabras que generan asimetrías, es decir, que no tienen correspondencia exacta en ambos géneros.

Uso evitable	Propuesta alternativa
Varón / Hembra	Hombre / Mujer
Señorita	Señora (Nunca debe usarse «señorita» al no existir correspondencia en igualdad de uso con el término «señorito»)

✓ Alternar o cambiar el orden de aparición para eliminar determinantes masculinos.

Uso evitable	Propuesta alternativa
Avisen al familiar o persona que lo solicite	Avisen a la persona o familiar que lo solicite
Los grandes economistas, Julia Álvarez y Román Castillo	Julia Álvarez y Román Castillo, grandes economistas

✓ El uso de @, -x, -e y otros símbolos es impropio de la lengua española y debe evitarse.

- Arroba @: la arroba no es un signo lingüístico y no se considera necesario ni aceptable desde el punto de vista de la morfología del español. No se corresponde con ningún fonema y, por tanto, no puede pronunciarse ni leerse.

- Morfema –e: para evitar la duplicación ha surgido la propuesta de sustituir los morfemas –o y –a como desinencias de género por el morfema –e en el caso de aludir a un sustantivo plural genérico («les niñes», «les funcionaries»). Su utilización no es aceptable ya que para muchos podría considerarse una errata y dificulta la comunicación y, además, ya existe el plural terminado en –es (profesores, jueces, estudiantes) y entraría en conflicto con la propuesta.

- Letra -x: utilizar la letra -x en lugar de las desinencias de género produce secuencias ilegibles, ajenas a la morfología del español e impronunciables.

1.7. ACTIVIDADES

ACTIVIDAD N.º 1: *Identificación y análisis de estereotipos sexistas en televisión*	
OBJETIVOS	- Interpretar el contenido explícito e implícito de mensajes en la televisión (utilizando este medio de comunicación por considerarlo de mayor alcance e influencia). - Identificar los medios de comunicación como forma de trasmisión de sexismo. - Analizar y comprender los mensajes contradictorios lanzados desde los medios de comunicación. - Conocer los mecanismos legales de denuncia de estos contenidos. - Elaborar guiones alternativos sin contenido sexista. - Reconocer la colaboración ciudadana como medio de erradicar el sexismo en los medios de comunicación y la publicidad.
AGRUPACIÓN	Alternando trabajo individual con grupos de trabajo.

MATERIAL	Cualquier medio de reproducción de vídeos. Vídeos o guiones elegidos por el alumnado con mayor carga sexista entre: - Publicidad de carácter sexista donde la mujer aparece como reclamo o porque se presenta de manera discriminada frente al hombre. - Aparición de estereotipos sexistas y violencia de género en series de ficción y, muy especialmente, en telenovelas. - Tratamiento informativo de casos de violencia machista. - Representación de modelos inadecuados para la igualdad de género en series de animación destinadas a menores. - Formulario de quejas por contenidos sexista del Instituto de las Mujeres.
PERIODIZACIÓN	1 sesión individual: donde se seleccione al menos un ejemplo de cada espacio. 1 sesión grupal: donde se detectará el sexismo, se analizará el tipo y se corregirá el guion. Posteriormente se llevará a cabo (si procede) una denuncia real ante el Instituto de las Mujeres.
METODOLOGÍA	- Partir del trabajo individual, utilizando las experiencias del alumnado para llegar a conclusiones más amplias y ricas. - Centrarse en la observación como medio de impacto y reflexión personal. - Alternancia del trabajo individual y grupal. - Utilización de la disonancia cognitiva a través del contraste de imágenes y ejercicios prácticos con la finalidad de romper esquemas dañinos que puedan poseer. - Usar el debate y la reflexión de y entre los grupos de trabajo. - Cumplimentar el formulario de queja del Instituto de las Mujeres (y optativamente enviarlo, según decisión personal).
EVALUACIÓN	Se llevará a cabo teniendo en cuenta los resultados alcanzados por cada participante, y será positiva si identifica planteamientos sexistas de determinados espacios televisivos que suponen una discriminación sexista y es capaz de corregir los guiones de los mismos empleando modelos de igualdad.

ANEXO ACTIVIDAD N.º 1

http://www.inmujer.gob.es/observatorios/observImg/quejas/docs/formulario.doc

ACTIVIDAD N.º 2: *Realizar el análisis comparativo entre un plan local de igualdad (autonómico) y otro nacional*	
OBJETIVOS	- Analizar los distintos parámetros de cada plan de igualdad y determinar diferencias y similitudes. - Evaluar el potencial de cada plan y valorarlos como recursos en la lucha por la igualdad de oportunidades. - Conocer en profundidad la estructura interna de los planes de igualdad a través del análisis y la comparación. - Determinar puntos débiles y fortalezas en el diseño de los planes de igualdad.
AGRUPACIÓN	Grupos de 3/4 personas.

MATERIAL	Planes locales de igualdad autonómicos y generales (preferentemente en vigor).
PERIODIZACIÓN	1.ª sesión grupal: donde se asignarán a los grupos los distintos epígrafes de cada plan de igualdad y se llevará a cabo el análisis de los mismos. 2.º sesión grupal: se cubrirá la plantilla anexa y se pondrán en común los resultados.
METODOLOGÍA	Los grupos trabajarán con distintos planes, pero en cada grupo habrá uno local y otro estatal. Se repartirán entre los integrantes de cada grupo distintos epígrafes de cada plan de igualdad: objetivos globales y específicos, diseño de actividades, etc. Se contrastará que se ha integrado la perspectiva de género en el diseño de los objetivos, cuántos y cuáles son en cada plan, de cuáles se ha prescindido, etc. Se confirmará que se ha integrado la perspectiva de género en el diseño de las actividades de cada plan de igualdad. • Comprobando la participación de las organizaciones afectadas. • Comprobando la participación de las organizaciones de las mujeres. • Si se ha optado por la creación de comités de seguimiento, comprobar la participación de mujeres y hombres en el mismo. • Determinando la participación de las mujeres y los hombres en las distintas actividades. • Comprobando que los recursos planteados aseguran la participación de las mujeres y los hombres en la puesta en marcha de la actividad. Se cumplimentará la plantilla anexa y se pondrán en común los resultados.
EVALUACIÓN	Se evaluará positivamente la actividad si los/las participantes son capaces de analizar los distintos parámetros de cada plan de igualdad, para evaluar su potencial como recurso en la lucha por la igualdad de oportunidades; identificando las diferencias entre planes locales y planes estatales, y determinando sus puntos débiles y fortalezas.

ANEXO ACTIVIDAD N.º 2: *Plantilla para el análisis de un plan local de igualdad*

CRITERIO	ACCIONES	AUTONÓMICO SÍ/NO	ESTATAL SÍ/NO
DIAGNÓSTICO	Tengo información sobre los siguientes aspectos:		
	Indicadores sociales.		
	Compromiso cívico.		
	Recursos.		

ESTUDIO DE NECESIDADES	Se ha contactado con todas las entidades que operan dentro del ámbito de actuación correspondiente.		
	Se han realizado entrevistas para comentarles la realización del plan y solicitarles colaboración.		
	Se pone en marcha un foro de participación ciudadana.		
	Se definen las áreas de intervención.		
OBJETIVOS DEL PLAN	Se han elaborado las líneas estratégicas del plan.		
	Se han diseñado los objetivos generales en función de las áreas de intervención.		
	Se han diseñado los objetivos específicos en función de los objetivos generales.		
	Se diseñan las actuaciones.		
	Se determinan los agentes responsables de la realización de las actuaciones.		
	Se definen los indicadores de pertinencia de cada actuación.		
	Se definen los indicadores de eficiencia de cada actuación.		
PLANES COMPLEMENTARIOS AL PLAN DE IGUALDAD	Se diseña el plan de comunicación del plan.		
	Se diseña el plan de seguimiento.		
	Se diseña el plan de evaluación.		
APROBACIÓN DEL PLAN	Se inician los trámites necesarios para su aprobación por parte del órgano correspondiente.		
IMPLANTACIÓN DEL PLAN	Se contacta con agentes que van a llevar a cabo el plan y se los informa de las actuaciones que tienen que realizar, el plazo de ejecución…		
	Se pone en marcha la Comisión de Seguimiento del Plan.		

El empleo y otros ámbitos para la igualdad de oportunidades

2.1. CONCEPTOS BÁSICOS DEL MERCADO LABORAL: POBLACIÓN, OFERTA Y DEMANDA, SEGREGACIÓN...

En las diferentes épocas y sociedades ha existido una clara separación de los trabajos que se van a realizar en función del sexo. Esta distribución del trabajo entre hombres y mujeres que responde a fenómenos sociales y culturales, se llama **división sexual del trabajo** y consiste en la diferenciación que se hace sobre las actividades «que deben realizar las mujeres» y las que «deben realizar los hombres», adjudicando diferentes espacios en función del sexo, correspondiendo fundamentalmente a las mujeres desarrollar su actividad en el ámbito doméstico considerado como reproductivo y a los hombres en el ámbito público considerado como productivo.

El ámbito reproductivo o doméstico: abarca tareas relacionadas con la organización y atención a la familia y aquellas derivadas del cuidado del hogar (lavar, planchar, cocinar, cuidar a los hijos e hijas, cuidar a las personas mayores...). Tiene que ver con actividades no mercantiles y, por lo tanto, permanece en un segundo plano ya que no se cambia por dinero.

El ámbito productivo o público: abarca las tareas relacionadas con la vida económica, política y social. Espacio ocupado y adjudicado hasta hoy mayoritariamente por y para los hombres. Tiene que ver con las actividades productivas de carácter mercantil y en las que se ejerce el poder y, por tanto, tienen un valor de cambio. Es visible (abogados, albañiles, ingenieros, ministros...).

Se establece, así, una clara separación entre el espacio doméstico y el espacio público. De esta forma, lo productivo está masculinizado, genera riqueza, es visible socialmente, tiene reconocimiento social y proporciona autonomía personal. Por el contrario, el trabajo reproductivo está feminizado, no genera riqueza, es invisible socialmente, no tiene reconocimiento social ni proporciona autonomía personal y se considera secundario.

Como consecuencia de esta división sexual del trabajo y de la separación de los espacios productivo y reproductivo aparecen durante el siglo xx los **conceptos de población activa e inactiva.** De esta forma, el mercado laboral considera **población activa** a aquellas personas en edad de trabajar que están ocupadas (tienen un empleo) o están buscando un empleo activamente. Por el contrario, la **población inactiva** comprendería a aquellas personas en edad de trabajar que no están ocupadas ni están buscando empleo.

Las fuentes estadísticas muestran el grado de desigualdad en la participación de las mujeres respecto a los hombres en el empleo. Si se estudian las cifras de la EPA (Encuesta de Población Activa), que es la fuente principal de datos de empleo en España, se observa que todavía estamos lejos de un equilibrio efectivo entre hombres y mujeres.

Muchas mujeres que trabajan en el ámbito doméstico son consideradas inactivas a pesar del trabajo que desempeñan contribuyendo al bienestar familiar. El hecho de que las estadísticas no contabilicen el trabajo llevado a cabo dentro del ámbito doméstico, es una prueba de la falta de valoración e invisibilidad al que se somete este tipo de trabajo realizado. La desigualdad entre hombres y mujeres también está presente en las condiciones laborales a las que se enfrentan las mujeres ocupadas.

En resumen, estas son algunas de las características del empleo de las mujeres:

Menores salarios:

Las mujeres de la Unión Europea ganan un 12,7 % menos de media que los hombres. Existen grandes diferencias entre los países miembros: en 2021, la mayor brecha salarial de género fue la de Estonia (20,5 %), mientras que Luxemburgo cerró su brecha y la siguiente más baja fue la de Rumanía (3,6 %). En España (2022. EpData. Eurostat) el nivel de desigualdad entre hombres y mujeres es inferior al de la media europea con una brecha del 8,9 %.

Empleo precario:

Según el Informe del Mercado de Trabajo de las Mujeres (Observatorio de las Ocupaciones. Marzo de 2025), la contratación femenina en 2024 destacó por ser mayoritariamente de carácter temporal, circunstancia que posicionó a las mujeres trabajadoras en una situación más precaria que a los hombres.

El colectivo acaparó el 29,08 % de los contratos temporales totales frente al 17,83 %, de contratos indefinidos registrados en el año. Los hombres llegaron a porcentajes del 28,89 % en contratación temporal y al 24,21 % en contratación indefinida. Del total de contratos suscritos por mujeres en 2024, el 61,99 % fueron temporales y tan solo el 38,01 % se materializaron en una relación laboral indefinida. En cuando a la jornada laboral, el 48,22 % de los nuevos contratos se firmaron a jornada completa; el 39,25 %, a jornada parcial, y el 12,53 % restante, en jornada fija discontinua.

Subempleo:

Es un problema que afecta gravemente a las mujeres, ya que participan mucho más que los hombres en puestos de trabajo o sectores de inferior categoría a lo que les correspondería por estudios y experiencia profesional.

Segregación horizontal:

Las mujeres se concentran en el sector servicios y en ramas relacionadas con actividades consideradas tradicionalmente femeninas: educación, sanidad o servicios a la comunidad. Como consecuencia de esta segregación, las ocupaciones feminizadas están peor pagadas, produciéndose la discriminación salarial; están más saturadas y tienen menos oportunidades de acceso al empleo y de elección profesional.

Segregación vertical:

Incluso en aquellos sectores en los que son mayoritarias, las mujeres tienen muchas dificultades para un desarrollo adecuado de carrera profesional y son elegidas pocas veces para puestos de responsabilidad.

2.2. FACTORES QUE INFLUYEN EN LA CONTRATACIÓN LABORAL DE HOMBRES Y MUJERES

Las posibilidades de trabajo asalariado para las mujeres están condicionadas de forma natural, y al igual que las de los hombres, por la formación alcanzada, sobre todo para puestos de cierta cualificación. Las diferencias se encuentran cuando las mujeres pretenden alcanzar cargos de dirección, pues en este caso los hombres continúan monopolizándolos. Esta dificultad se observa más en el sector privado que en el público, ya que en este último las normas impiden cualquier tipo de discriminación. El sector público, pues, es mucho más seguro para la mujer: igualdad salarial verdadera, permisos… Por el contrario, en el sector privado, que tiene su sentido en la obtención del beneficio empresarial, la mujer encuentra muchas dificultades para superar la concepción de mano de obra barata.

Los empresarios, a la hora de contratar a una mujer, piensan en cuestiones tales como que puede abandonar el trabajo al casarse o tener hijos, que tiene el derecho a permisos por maternidad, está más veces de baja por embarazos y siempre es la que se ausenta del trabajo para atender a los familiares enfermos (hijos, progenitores, etcétera) o la que acude a los avisos de la escuela. Es una realidad que la mujer compatibiliza el trabajo dentro y fuera de casa, pero realizando una doble jornada laboral ya que asume, además de su trabajo exterior, prácticamente la totalidad de las tareas domésticas encomendadas tradicionalmente a ella.

Las empresas condicionan la elección de una persona para un puesto de trabajo en función del grado de satisfacción que el potencial trabajador pueda cubrir de las necesidades del empleador, por tanto, este proceso debe llevarse a cabo en mayor o menor medida en función de las características o facetas que presenta el trabajador y no respecto a su condición de hombre o mujer.

Uno de los avances más significativos en cuanto a conciliación e igualdad de condiciones en la empresa es la Red DIE, a la que pertenecen las empresas que han obtenido y mantienen el distintivo «Igualdad en la Empresa».

La Red DIE es una iniciativa del Instituto de las Mujeres para el intercambio de conocimiento, experiencias y buenas prácticas en materia de igualdad entre mujeres y hombres en el ámbito laboral, de las entidades que forman la Red DIE, que se lleva a cabo a través de jornadas técnicas, grupos de trabajo temáticos y estudios *ad hoc,* compartiendo además las mismas con otras organizaciones y la sociedad en general, por ejemplo, mediante la realización de publicaciones periódicas o participación en eventos más amplios.

Si tomamos como referencia las medidas que han implementado las empresas que componen la Red DIE, obtenemos los siguientes 10 puntos para mejorar la conciliación:

1	Organizar el tiempo de trabajo.
2	Favorecer la movilidad geográfica y el trabajo en remoto.
3	Establecer mejoras y beneficios sociales.
4	Mejorar los permisos por encima del marco legal.
5	Equilibrio entre lo personal y lo laboral según el modelo de las «4 D»: dedicación, disponibilidad, desconexión y descanso.
6	Eliminar la cultura del presentismo.
7	Establecer una jornada de trabajo de manera continua.
8	Facilitar la ausencia del puesto de trabajo por causas de fuerza mayor justificadas.
9	Crear un entorno de trabajo saludable, accesible y funcional.
10	Fijar unas horas concretas de reuniones.

2.3. CONTRIBUCIÓN DE HOMBRES Y MUJERES AL TRABAJO

En las últimas décadas se ha producido un notable incremento en la participación de la mujer en el mercado de trabajo, pero unas de las características de este mercado es la concentración de hombres y mujeres en diferentes sectores económicos y ocupaciones, así como las diferentes condiciones de trabajo por razón de género.

Existen factores condicionantes tanto por el lado de la demanda como de la oferta laboral, así como factores externos al mercado de trabajo (sociales, culturales) que determinan la segregación en diferentes sectores y ocupaciones de hombres y mujeres.

Las mujeres representan un porcentaje muy elevado de la fuerza laboral en determinados sectores como sanidad, educación o comercio al por menor, y los hombres ocupan la mayoría de los puestos de alta dirección y los trabajos manuales.

En los últimos años, las diferencias en los niveles de educación de hombres y mujeres se han reducido considerablemente y las mujeres tienen en la actualidad niveles de educación más altos que los hombres, pero existe una clara disparidad entre el nivel de estudios que alcanzan las mujeres y sus situaciones profesionales y puestos laborales.

En la actualidad, siguen existiendo considerables diferencias en las condiciones y características tanto en la oferta como en la demanda de trabajo en ambos sexos, que condicionan que se sigan produciendo brechas de género en: salarios, puestos de responsabilidad, reparto de cargas familiares, participación en el trabajo no remunerado, repercusión en el empleo de la existencia de hijos, etc.

La Agenda 2030 y las políticas de empleo de los próximos años están dirigidas a reconocer y valorar los cuidados y el trabajo doméstico no remunerados mediante servicios públicos, infraestructuras y políticas de protección social, y promover la responsabilidad compartida en el hogar y la familia. También es un objetivo prioritario lograr la igualdad de remuneración por trabajo de igual valor, protegiendo los derechos laborales, así como asegurar la participación plena y efectiva de las mujeres y la igualdad de oportunidades de liderazgo a todos los niveles decisorios en la vida política, económica y pública .

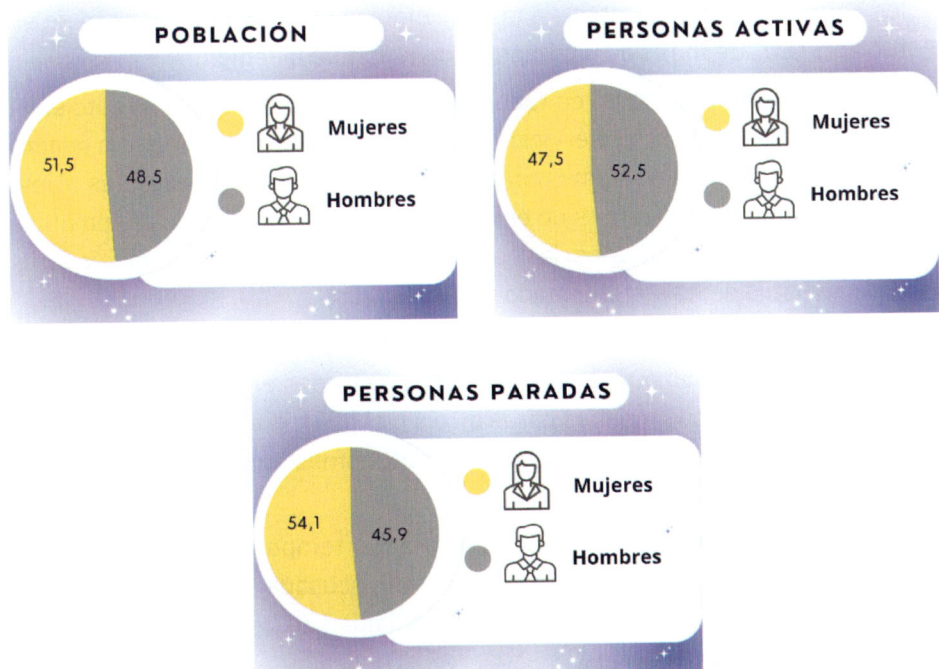

Figura 2.1. Gráfico comparativo por sexos. Elaboración propia según el informe Situación de las mujeres en el mercado de trabajo 2023, del Ministerio de Trabajo y Economía Social.

2.4. PORCENTAJE DE PARTICIPACIÓN PARITARIA EN EL MERCADO LABORAL

Cada año, el Servicio Público de Empleo Estatal (SEPE) a través del Observatorio de las Ocupaciones, publica los datos referentes a la participación de las mujeres en el mercado laboral.

La información más reciente se encuentra en el Informe del Mercado de Trabajo de las Mujeres Estatal, referido al año 2024. Estos son los principales datos:

- La distribución de la población por sexo en España durante el año 2024 se mantiene invariable con respecto a 2023. La representación de las mujeres en el conjunto de la población se situó en el 50,99 %. El leve incremento del 1,11 % en la población femenina se debe, en parte, a una mayor presencia de mujeres extranjeras.

- Según datos de la EPA, se produce una reducción de la brecha de género en la población activa, mientras que la población inactiva vuelve a ser mayoritariamente femenina, siendo variadas las causas de la inactividad en las mujeres.

- La tasa de empleo femenina registró máximo histórico, consolidando la tendencia ascendente de años anteriores, experimentando un crecimiento de 0,31 puntos porcentuales, crecimiento más moderado que el conseguido por los hombres de 0,46 puntos. La tasa de empleo masculina en España se situó en 57,60 %, a más de 10 puntos de distancia de la femenina.

- El empleo femenino creció en todos los sectores económicos excepto en el sector primario. El sector servicios fue el que más empleo femenino generó en términos absolutos; asimismo, es el más solicitado por las mujeres al inscribirse como demandantes de empleo (casi un 79 %). Como dato positivo, durante los últimos 10 años, la representación de las mujeres trabajadoras en la industria se ha incrementado un 13,05 %.

- Por lo que respecta a la afiliación a la Seguridad Social, las mujeres representan el 49,93 % de las nuevas afiliaciones registradas en 2024, siendo el Régimen General el que mejores cifras arroja y el RETA, el que mayor brecha de género presenta pese a que las mujeres autónomas aumentaron un 10,15 % en la última década.

- Se realiza una mayor contratación de carácter temporal sobre las mujeres con respecto a los hombres, desigualdad muy acusada en la contratación indefinida, donde la diferencia de representatividad de las mujeres supera los quince puntos porcentuales.

- En lo relativo a la parcialidad de la jornada, se han realizado un 39,25 % de contratos femeninos a tiempo parcial frente a un 21,04 % firmados por hombres.

- El año 2024 arroja, para las mujeres, cifras de desempleo sensiblemente inferiores a las del año precedente. Un total de 167 100 mujeres dejaron de estar desempleadas, alcanzándose la cifra más baja del paro femenino en los últimos diez años con 1 362 600 mujeres. Sin embargo, a pesar de estos datos, las mujeres siguen predominando en el conjunto de las personas demandantes de empleo, tanto paradas como no paradas.

- En cuanto a los sectores de ocupación, cabe destacar en primer término, el aumento del 28,87 % de los contratos a mujeres directoras y gerentes (grupo 1) desde 2015, frente al incremento del 10,78 % de los contratos masculinos.

- Por último, se siguen manteniendo las ocupaciones tradicionalmente feminizadas como son el cuidado asistencial a personas en domicilios y empleo doméstico, donde la presencia de mujeres supera el 93 %.

A modo de síntesis, en términos de empleo, el balance de 2024 se puede considerar positivo, mejorando datos como pueden ser la tasa de actividad, la tasa de empleo y los datos de afiliación; sin embargo, sigue existiendo una serie de obstáculos socioeconómicos que imposibilitan la igualdad laboral entre ambos sexos, viéndose reflejado muy nítidamente en el porcentaje de temporalidad y parcialidad.

2.5. LA IGUALDAD DE OPORTUNIDADES COMO INSTRUMENTO DE MEJORA DEL EMPLEO: LEGISLACIÓN VIGENTE

La igualdad de oportunidades entre mujeres y hombres, aplicada al empleo, trata de conseguir una participación equilibrada de hombres y mujeres en el ámbito laboral, evitando de esta manera el tratamiento discriminatorio por razón de sexo. Este reparto equilibrado del empleo entre mujeres y hombres exige un cambio profundo en las personas, así como en las estructuras sociales y económicas. Para ello, los organismos públicos promueven medidas a través de las políticas de igualdad de oportunidades que garantizan la participación equilibrada de hombres y mujeres en la sociedad y en el mercado de trabajo en particular.

Estas políticas de igualdad no solamente contribuyen a hacer real un derecho fundamental de las personas, sino que facilitan la mejora de la calidad y la organización del empleo por varios motivos: la igualdad de oportunidades aprovecha todo el potencial de trabajo de hombres y mujeres para el empleo, logrando que mujeres y hombres se expresen libremente, sin la existencia de estereotipos y roles que determinen su forma de comportarse. De esta manera, la igualdad de oportunidades permite identificar la profesionalidad de las personas, independientemente de los roles y estereotipos adjudicados socialmente, por ejemplo:

mujeres capacitadas para conducir un autobús y hombres capacitados para ser enfermeros.

Una empresa con una participación equilibrada de hombres y mujeres y que no discrimina por razón del sexo de las personas tiene las siguientes ventajas:

- Aprovecha a las personas por su experiencia y preparación por lo que no desaprovecha las capacidades de su plantilla.

- Facilita que los hombres y las mujeres de su plantilla puedan hacer compatibles sus responsabilidades familiares y profesionales, de forma que promueve el máximo rendimiento del trabajo.

- Asegura un buen clima laboral con una plantilla motivada y dispuesta para el esfuerzo a favor de la empresa.

- Atrae a hombres y mujeres con alta cualificación y compromiso que desean formar parte de una empresa que respeta los derechos de las personas y sus necesidades.

- Satisface mejor a sus clientes (hombres y mujeres) porque mejora sus productos y servicios, ya que tiene en cuenta las diversas necesidades.

- Mejora su imagen como empresa comprometida socialmente atrayendo clientes e inversión.

Estudios rigurosos no dejan lugar a dudas respecto a que los equipos mixtos son los que mejor funcionan en las escuelas, en los centros de investigación, en los partidos políticos y en las empresas. Datos objetivos nos muestran cada día mejoras económicas y sociales en aquellas empresas que practican la igualdad de oportunidades y facilitan a mujeres y hombres la compatibilidad entre la vida personal y la laboral. Reducen el absentismo hasta un 30 %, disminuyen los riesgos psicosociales, incrementan hasta un 20 % su productividad y, además, aumentan enormemente la satisfacción de las personas trabajadoras.

El derecho a la igualdad de trato y a la no discriminación entre mujeres y hombres en el empleo, en las relaciones y condiciones de trabajo tiene un amplio reconocimiento en el ordenamiento jurídico, tanto en el ámbito internacional, comunitario, como en el nacional.

A continuación se enumeran algunas de las disposiciones normativas más relevantes en materia de igualdad en el ámbito laboral:

1. Constitución española

Art. 9.2 CE encomienda a los poderes públicos promover las condiciones para que la libertad y la igualdad del individuo y de los grupos en que se integra sean reales y efectivas; remover los obstáculos que impidan o dificulten su plenitud y facilitar la participación de todos los ciudadanos en la vida política, económica, cultural y social. **Art. 14 CE** establece que los españoles son iguales ante la ley sin que pueda prevalecer discriminación alguna por razón, de nacimiento, raza, sexo, religión, opinión o cualquier otra condición o circunstancia personal o social. **Art. 35.1 CE** establece que todos los españoles tienen el deber de trabajar y el derecho al trabajo, a la libre elección de profesión u oficio, a la promoción a través del trabajo y a una remuneración suficiente para satisfacer sus necesidades y las de su familia, sin que en ningún caso pueda hacerse discriminación por razón de sexo.

2. Ley Orgánica para la Igualdad efectiva de mujeres y hombres

Art. 5 LOIEMH. Igualdad de trato y de oportunidades en el acceso al empleo, en la formación y en la promoción profesionales, y en las condiciones de trabajo.

«El principio de igualdad de trato y de oportunidades entre mujeres y hombres, aplicable en el ámbito del empleo privado y en el del empleo público, se garantizará, en los términos previstos en la normativa aplicable, en el acceso al empleo, incluso al trabajo por cuenta propia, en la formación profesional, en la promoción profesional, en las condiciones de trabajo, incluidas las retributivas y las de despido, y en la afiliación y participación en las organizaciones sindicales y empresariales, o en cualquier organización cuyos miembros ejerzan una profesión concreta, incluidas las prestaciones concedidas por las mismas».

Art. 6 LOIEMH. Discriminación directa e indirecta. «Se considera discriminación directa por razón de sexo la situación en que se encuentra una persona que sea, haya sido o pudiera ser tratada, en atención a su sexo, de manera menos favorable que otra en situación comparable». «Se considera discriminación indirecta por razón de sexo la situación en que una disposición, criterio o práctica aparentemente neutros pone a personas de un sexo en desventaja particular con respecto a personas del otro [...]».

Art. 11 LOIEMH. Acciones positivas. «Con el fin de hacer efectivo el derecho constitucional de la igualdad, los Poderes Públicos adoptarán medidas específicas en favor de las mujeres para corregir situaciones patentes de desigualdad de hecho respecto de los hombres. [...]También las personas físicas y jurídicas privadas podrán adoptar este tipo de medidas en los términos establecidos en la presente Ley».

Art. 43 LOIEMH. Promoción de la igualdad en la negociación colectiva. «De acuerdo con lo establecido legalmente, mediante la negociación colectiva se podrán establecer medidas de acción positiva para favorecer el acceso de las mujeres al empleo y la aplicación efectiva del principio de igualdad de trato y no discriminación en las condiciones de trabajo entre mujeres y hombres».

3. Estatuto de los Trabajadores

Derecho de los trabajadores a la promoción y formación profesional

Art. 4.2.b) ET establece el derecho básico de los trabajadores «a la promoción y formación profesional en el trabajo, (...) tendentes a favorecer su mayor empleabilidad». La prohibición de los preceptos reglamentarios, cláusulas de los convenios colectivos y decisiones unilaterales del empresario que contenga disposiciones discriminatorias en las condiciones de trabajo.

Art. 17.1 ET declara que «se entenderán nulos y sin efecto los preceptos reglamentarios, las cláusulas de los convenios colectivos, pactos individuales y decisiones unilaterales del empresario que den lugar (...) a situaciones de discriminación directa o indirecta desfavorables por razón de edad o discapacidad o a situaciones de discriminación directa o indirecta por razón sexo, origen, incluido el racial o étnico, estado civil, condición social, religión o convicciones, ideas políticas, orientación o condición sexual, adhesión o no a sindicatos y a sus acuerdos, vínculos de parentesco con personas pertenecientes a o relacionadas con la empresa y lengua dentro del Estado español.

Art. 17.4 ET «Sin perjuicio de lo dispuesto en los apartados anteriores, la negociación colectiva podrá establecer medidas de acción positiva para favorecer el acceso de las mujeres a todas las profesiones» Asimismo, la negociación colectiva podrá establecer este tipo de medidas en las condiciones de clasificación profesional, promoción y formación, de modo que, en igualdad de condiciones de idoneidad, tengan preferencia las personas del sexo menos representado para favorecer su acceso en el grupo, categoría profesional o puesto de trabajo de que se trate».

Sistemas de clasificación profesional

Art. 22 ET Sistemas de clasificación profesional. La definición de los grupos profesionales se ajustará a criterios y sistemas que tengan como objeto garantizar la ausencia de discriminación directa o indirecta entre mujeres y hombres».

Promoción y formación profesional en el trabajo

Art. 23.2 ET «En la negociación colectiva se pactarán los términos del ejercicio de estos derechos, que se acomodarán a criterios y sistemas que garanticen la ausencia de discriminación directa e indirecta entre trabajadores de uno y otro sexo».

Ascensos

Art. 24.2 ET recoge que «los ascensos y la promoción profesional en la empresa se ajustarán a criterios y sistemas que tengan como objetivo garantizar la ausencia de discriminación directa o indirecta entre mujeres y hombres, pudiendo establecerse medidas de acción positiva dirigidas a eliminar o compensar situaciones de discriminación».

4. Ley de Infracciones y Sanciones del Orden Social

Art. 8 apartado 12 «Las decisiones unilaterales de la empresa que impliquen discriminaciones directas o indirectas desfavorables por razón de edad o discapacidad o favorables o adversas en materia de retribuciones, jornadas, formación, promoción y demás condiciones de trabajo, por circunstancias de sexo, origen, incluido el racial o étnico, estado civil, condición social, religión o convicciones, ideas políticas, orientación sexual...».

Responsabilidades en materia de igualdad

Artículo 46 bis. Responsabilidades empresariales específicas

1. Los empresarios que hayan cometido las infracciones muy graves tipificadas en los apartados 12, 13 y 13 bis) del artículo 8 y en el apartado 2 del artículo 16 de esta Ley serán sancionados, sin perjuicio de lo establecido en el apartado 1 del artículo 40, con las siguientes sanciones accesorias: a) Pérdida automática de las ayudas, bonificaciones y, en general, de los beneficios derivados de la aplicación de los programas de empleo, con efectos desde la fecha en que se cometió la infracción, y b) Exclusión automática del acceso a tales beneficios durante seis meses.

5. Real Decreto 1615/2009, de 26 de octubre, por el que se regula la concesión y utilización del distintivo «Igualdad en la Empresa», modificado por el Real Decreto 850/2015, de 28 de septiembre, y por el Real Decreto 333/2023, de 3 de mayo.

6. Real Decreto Ley 6/2019, de 1 de marzo, de medidas urgentes para garantía de la igualdad de trato y de oportunidades entre mujeres y hombres en el empleo y la ocupación.

7. Real Decreto 901/2020, de 13 de octubre, por el que se regulan los planes de igualdad y su registro.

8. Real Decreto 902/2020, de 13 de octubre, de igualdad retributiva entre mujeres y hombres.

9. Ley Orgánica 2/2024, de 1 de agosto, de representación paritaria y presencia equilibrada de mujeres y hombres.

2.6. DISTRIBUCIÓN DEL TIEMPO SEGÚN EL GÉNERO

El tiempo disponible de la población es una variable que está muy condicionada por la ocupación laboral, las obligaciones familiares y el sexo de las personas. En general, las mujeres disponen de menos tiempo que los hombres, fundamentalmente porque son ellas las que continúan asumiendo el protagonismo en las responsabilidades habituales derivadas de las tareas del hogar y del cuidado de miembros de la familia dependientes.

Evidentemente, se han producido avances desde la familia patriarcal a las nuevas formas familiares de las sociedades contemporáneas, sobre todo porque se ha roto, aunque solo en parte, la división sexual de funciones característica del modelo patriarcal. El factor principal que ha provocado tal ruptura ha sido **la incorporación masiva de las mujeres al mercado de trabajo.**

Desde el momento que la población femenina comparte con la masculina el espacio público por su actividad laboral fuera del hogar, los cambios en las relaciones entre los sexos se precipitan en muchos ámbitos, pero también surgen resistencias que frenan la equiparación. De hecho, lo que está ocurriendo en el espacio privado de la mayoría de los hogares en los que conviven mujeres y hombres, unidos por una relación de pareja, y ambos con un trabajo remunerado, es una muestra clara que da cuenta del desequilibrio que sigue existiendo en el reparto de funciones entre unas y otros.

En resumen, podríamos decir que las mujeres asumen las responsabilidades de sus trabajos remunerados y las derivadas del hogar, pero los hombres solo asumen plenamente las primeras y en las segundas adoptan el rol de colaboradores. De ahí que el avance hacia modelos de corresponsabilidad en lo doméstico sea una urgencia, si se quiere realmente aspirar a una sociedad más democrática e igualitaria que la actual.

Pasando a los porcentajes y remitiéndonos el *Instituto Nacional de Estadística* (INE), las diferencias existentes en el empleo del tiempo de hombres y mujeres continúan siendo significativas. Aunque la participación de las mujeres en el trabajo remunerado ha aumentado tres puntos y el de los hombres ha disminuido cuatro, aún hay más de 10 puntos de diferencia entre la participación masculina y la femenina en esta actividad (38,7 % y 28,2 %, respectivamente). Además el tiempo medio diario dedicado al trabajo remunerado por los hombres supera en más de una hora al de las mujeres.

Por el contrario, aunque la participación masculina en las tareas domésticas (actividades de hogar y familia) ha aumentado en los últimos siete años en casi cinco puntos y el porcentaje de mujeres dedicadas a las tareas del hogar ha disminuido menos de un punto, sigue habiendo una diferencia de participación en el trabajo no remunerado de 17 puntos porcentuales a cargo de las mujeres (74,7 % los hombres y 91,9 % las mujeres). También se ha reducido en más de media hora la diferencia del tiempo medio dedicado al trabajo doméstico entre hombres y mujeres, pero el tiempo dedicado por las mujeres es casi dos horas más que el de los hombres.

Además hay más de cinco puntos de diferencia en la participación de las mujeres en tareas de voluntariado y ayuda a otros hogares, aunque en este caso los varones le dedican 19 minutos más de tiempo.

Los hombres participan más en actividades de tiempo libre y durante más tiempo, especialmente en deportes y actividades al aire libre y en aficiones e informática. En las actividades en los que ambos sexos participan de forma similar, como en las de vida social y diversión o de atención a los medios de comunicación, los hombres dedican más tiempo que las mujeres (11 minutos más en vida social y 17 minutos en medios de comunicación).

2.7. OTROS ÁMBITOS PARA EL EJERCICIO DE LA IGUALDAD

La igualdad de oportunidades se refleja en todos los ámbitos de la sociedad, pero en este capítulo vamos a extendernos en los que además del empleo se consideran básicos para la participación de la mujer en condiciones de igualdad: la educación y la formación, y la participación social y política de la mujer.

2.7.1 Educación y formación

Para alcanzar la **igualdad entre los sexos** en el **ámbito educativo** no basta con lograr una proporción igual de niños y niñas en las aulas. Una plena igualdad implica que los niños y las niñas gocen de las mismas oportunidades para ir a la escuela, que su educación se lleve a cabo con métodos pedagógicos adaptados a sus necesidades y situaciones de partida pero, sobre todo, una educación en igualdad es aquella que está exenta de estereotipos y permite el desarrollo de niñas y niños como personas libres.

Esta educación supone recibir una orientación escolar sin cargas sexistas y debe asegurar una duración idéntica para niños y niñas, así como la adquisición de los mismos conocimientos y títulos académicos que, en un futuro, les permitan las mismas oportunidades de empleo e ingresos a igual titulación y experiencia.

La presencia de las mujeres en el ámbito educativo español ha ido variando a lo largo de la historia. Lo que ahora nos parece un hecho normal y corriente (que las niñas estudien), hasta hace muy poco era una situación extraordinaria. Hasta finales del siglo XIX en nuestro país las niñas no tenían derecho a una educación equivalente a la de los niños, que eran los únicos que podían acceder a estudios medios y superiores. Después de la Guerra Civil se anula el derecho a esta educación equivalente que se vuelve a recuperar con la Ley General de Educación de 1970. En este contexto de normas y costumbres tan difícil, es interesante observar a través de las cifras estadísticas, la rápida incorporación de las mujeres al sistema educativo.

De acuerdo con los datos ofrecidos por el Instituto de las Mujeres en «Mujeres en cifras», entre el alumnado que finaliza sus estudios las mujeres representan el 50,2 % del alumnado de Formación Profesional y el 60,9 % de enseñanzas universitarias.

En cuanto a la distribución del profesorado, las mujeres representan casi la totalidad en Educación Infantil y apenas un 25 % en rectorados y cátedras universitarias. Aunque este último porcentaje va en aumento, todavía queda una brecha importante que superar, al igual que en las empresas en general, en los cargos directivos.

Tabla 2.1. Porcentajes de representación de las mujeres en el profesorado

97,4 %	Profesoras de Educación Infantil
82,3 %	Profesoras de Primaria
60,1 %	Profesoras de Bachillerato, ESO, FP
44,2 %	Profesoras de universidad
27,4 %	Catedráticas de universidad
23 %	Rectoras de universidad

A pesar de este avance tan espectacular, existen todavía diferencias importantes entre mujeres y hombres en su forma de participar en la educación y la formación, como, por ejemplo, a la hora de elegir las opciones formativas y las especialidades que, posteriormente, influirán en el desarrollo de la carrera profesional. De esta forma, las mujeres se inclinan más por opciones de Humanidades y Ciencias Sociales frente a los hombres que suelen elegir estudios científico-técnicos.

Desde la igualdad de oportunidades, se busca una educación en la que niñas y niños reciban una formación basada en principios de equidad entre los sexos. Esta formación abre el camino para el acceso igualitario al mercado de trabajo de mujeres y hombres.

2.7.2 Participación social y política

En España, a pesar de contar en nuestra historia con figuras tan relevantes como Concepción Arenal, Victoria Kent, María Lejarraga, María Zambrano y muchas otras que tuvieron una presencia determinante en la España moderna, la situación de la mujer retrocedió, durante cuarenta años, hasta la llegada de la democracia, en la que de nuevo se abrieron las vías de la participación política y social.

La idea de participar tiene mucho que ver con asumir responsabilidades personales con respecto a alguna situación concreta, lo cual es siempre una buena fórmula para cambiar las cosas, implicándose personal y directamente en ellas. Sin embargo, a pesar del incremento en la participación social y política, las mujeres no participan por igual en los órganos de poder y decisión de las diferentes instituciones y entidades, por lo que la mayoría de las democracias actuales carecen de una representación equilibrada entre mujeres y hombres.

Por supuesto, las personas que ocupan los puestos de decisión (en los ámbitos políticos, económicos, sociales...) son las que determinan, en definitiva, el funcionamiento de la sociedad. Si la participación es equilibrada, los intereses y las necesidades se cubren por igual, de lo contrario, los intereses de una parte estarán más representados que los de la otra.

En España, es a partir de la transición cuando las mujeres se van incorporando de una forma constante a la política, observándose un número mayor de mujeres afiliadas a los partidos políticos y sindicatos. Actualmente las mujeres se encuentran representadas en todos los ámbitos de participación política, sindical, económica, laboral..., sin embargo, son pocas las que alcanzan puestos directivos.

El incremento de participación de mujeres en la política va unido a un paulatino ascenso en la presencia de estas en los correspondientes órganos representativos y de gobierno. Además, en la Administración pública, donde las pruebas de acceso son imparciales, se ha producido un fuerte incremento de la presencia de mujeres en altos cargos.

En algunos estudios se consideran las tecnologías de la información un espacio idóneo para mejorar la situación de las mujeres en el ámbito público, especialmente en dos aspectos claves: la falta de tiempo y el acceso a la información. La falta de tiempo causada por la doble o triple jornada con la que cargan las mujeres y el acceso a la información que también precisa de tiempo. La red permite disponer de funcionalidades como son el acceso en tiempo real a las últimas informaciones de forma rápida y clasificada, lo que favorece a las mujeres, que históricamente no disponían de estas posibilidades por no ocupar las posiciones de poder que permitían obtener estos recursos. Además, la red permite difundir y visibilizar las iniciativas de las mujeres, permitiendo así superar el filtro de los medios de comunicación tradicionales, que no les han ofrecido un tratamiento adecuado.

También el asociacionismo se considera clave en la participación en el espacio público de las mujeres. Sería una pérdida injustificable de experiencia no aprovechar el papel estratégico de las asociaciones de mujeres porque representan una voz cualificada y experta en la aplicación de la perspectiva de género.

El análisis nos ha demostrado que las españolas, al igual que el resto de europeas, consideran que las asociaciones voluntarias o la participación política no se encuentran entre los elementos más importantes de su vida personal, siendo la familia, la amistad y el tiempo libre los que ocupan los primeros puestos. La mujer permanece vinculada al ámbito doméstico y al cuidado del hogar en mayor medida que los hombres, lo que se plasma en unas particulares elecciones a la hora de elegir las asociaciones de las que formar parte. En general y en la última década, el asociacionismo voluntario femenino en España ha quedado vinculado al ámbito religioso, doméstico (a través de las asociaciones de padres y madres de alumnos) y centrado en la defensa de las minorías (organizaciones pacifistas, ecologistas, de derechos humanos, de lucha contra la discriminación, etc.) cuando esta participación se hace pública.

Uno de los objetivos del Instituto de las Mujeres es fomentar el asociacionismo de las mujeres como instrumento de cambio de su situación social. Por este motivo ha impulsado la creación y mantenimiento del movimiento asociativo, a lo largo de su historia, bien directamente mediante subvención de programas, bien a través de la colaboración con las comunidades autónomas y entidades locales para alcanzar mejoras en el ámbito de la igualdad de oportunidades en nuestro país. Con el fin de fortalecer el movimiento asociativo de mujeres como un instrumento para lograr la igualdad, el Instituto de las Mujeres realiza de manera continua actividades de asesoramiento técnico a ONG y entidades públicas o privadas que solicitan información relacionada con el movimiento asociativo o con los recursos específicos disponibles para las mujeres.

2.8. ACTIVIDADES

ACTIVIDAD N.º 1: *Extraer datos para elaboración de estudios e informes del Instituto Nacional de Estadística (INE)*	
OBJETIVOS	- Conocer las fuentes de información nacionales e internacionales utilizadas por el INE: ONU, UNESCO, OCDE, Banco Mundial. - Manejar fuentes de información fiables para la obtención de datos, sobre todo los desagregados por sexo. - Comparar estos datos obtenidos de fuentes fiables con la información que pueda obtenerse por otros medios en el área de igualdad de oportunidades. - Comprobar la veracidad de los datos utilizados para elaborar informes y estudios ya publicados en el área de igualdad de oportunidades.

AGRUPACIÓN	Grupos de 3/4 personas.
MATERIAL	Página web del INE. Equipamiento informático adecuado. Informes y estudios publicados sobre igualdad en cualquier materia.
PERIODIZACIÓN	1.ª sesión grupal: exploración inicial de la página web y lectura de informes y estudios disponibles. 2.º sesión grupal: contrastar los datos facilitados en los informes y estudios y los datos del Instituto nacional de Estadística. 3.ª sesión grupal: elaboración de un resumen de las conclusiones obtenidas y puesta en común.

METODOLOGÍA	- Conexión con la página web del INE.
	- Exploración de las siguientes secciones de la página:
	  • Entorno físico y medio ambiente.
	  • Demografía y población.
	  • Sociedad.
	  • Economía.
	  • Ciencia y tecnología.
	  • Agricultura.
	  • Industria, energía, construcción.
	- Descubrimiento de otras secciones que pudieran tener interés para cualquier participante, sobre todo en los que haya datos desagregados por sexo.
	- Búsqueda y confirmación de datos en los que se basan algunos de los estudios e informes disponibles en materia de igualdad de oportunidades.
	- Puesta en común de hallazgos realizados por los grupos.

EVALUACIÓN	Se llevará a cabo teniendo en cuenta la fluidez en el manejo de fuentes de información fiable, así como la capacidad de contrastar datos y resultados.

ACTIVIDAD N.º 2: *Diseñar y realizar un debate acerca de la igualdad en el sistema educativo*	
OBJETIVOS	- Manejar fuentes de información fiables para la elaboración de guiones para un debate en torno a la igualdad en el sistema educativo y su evolución en el tiempo. (Utilizando como fuente del información principal la página del INE, que se ha manejado en la actividad anterior). - Diseñar un debate, participar en él y moderarlo. - Extraer conclusiones e ideas del debate para aplicarlas en informes y estudios en torno a la igualdad de oportunidades.
AGRUPACIÓN	Grupos de 3/4 personas. Gran grupo.
MATERIAL	Página web del INE y otras fuentes de información.
PERIODIZACIÓN	1 sesión grupal: búsqueda de datos y elaboración del guion para el debate. 1 sesión en gran grupo (debate): asignación de posturas, ejecución del debate con la moderación por turnos del mismo, anotación de conclusiones y puesta en común de resultados.

METODOLOGÍA	Búsqueda de datos en diversas fuentes de información. Elaboración de guiones para estructurar un debate planificado en torno a la evolución de la educación en nuestro país desde una perspectiva de género. Asignación de posturas a diferentes participantes para garantizar la riqueza y pluralidad del mismo. Moderación del debate por turnos. Conclusión del debate y anotación de los resultados por parte de diferentes participantes con la posterior puesta en común.
EVALUACIÓN	Se llevará a cabo una evaluación individual por cada participante, teniendo en cuenta el nivel alcanzado en la práctica, analizando la calidad de los datos recogidos y su pertinencia, la originalidad y claridad del debate elaborado, la moderación del mismo, la participación homogénea y la utilidad de las conclusiones.

La desigualdad
y la violencia de género

La violencia contra las mujeres es un problema social, cuya erradicación precisa de profundos cambios en las formas de socialización de las personas, con actuaciones integrales en los ámbitos educativo, social, sanitario, jurídico, policial y laboral, introduciendo nuevas escalas de valores basadas en el respeto de los derechos y libertades fundamentales y en la igualdad entre mujeres y hombres, lo que exige el compromiso y actuación de los poderes públicos, las organizaciones políticas y sociales y de la sociedad en su conjunto.

El gran avance legislativo para la prevención y actuación contra la violencia hacia las mujeres, se produjo con la Ley Orgánica 1/2004 de Medidas de Protección Integral contra la Violencia de Género, que ha supuesto un importante reconocimiento de derechos para la mujer trabajadora víctima de la violencia de género. Esta ley aborda, con una visión integral y multidisciplinar, el gravísimo problema de la violencia ejercida contra las mujeres, abarcando aspectos preventivos, educativos, sociales, asistenciales, laborales, sanitarios, penales y procesales, adoptando medidas tanto de carácter preventivo como de sensibilización e intervención.

3.1. CONCEPTOS BÁSICOS SOBRE LA DECLARACIÓN UNIVERSAL DE LOS DERECHOS HUMANOS

La Declaración Universal de Derechos Humanos es un documento decisivo en la lucha por la igualdad entre hombres y mujeres. Este documento ha sido clave para todas las conferencias y resoluciones que se han adoptado posteriormente de ámbito universal. La Declaración Universal de Derechos Humanos significó un avance fundamental en la conquista de la igualdad entre mujeres y hombres, pero el origen de las reivindicaciones se inició siglos atrás con la primera Declaración de los Derechos del Ciudadano, en plena Revolución francesa.

La ONU pretendía con esta Declaración Universal sentar las bases de un compromiso ético para obligar a todos los Estados a cumplir y hacer cumplir una serie de normas. Recordemos que después de la Segunda Guerra Mundial, en los inicios de la Guerra Fría, cuando todavía dolían las heridas del nazismo y ante las situaciones de injusticia que se vivían en los cinco continentes, varios países sintieron la necesidad de unirse en una organización supraestatal que garantizara el respeto y la dignidad de las personas, y que evitara la repetición de hechos tan lamentables como la vulneración de la dignidad de la persona y el respeto a sus peculiaridades étnicas, religiosas o sexuales.

Los derechos humanos se sostienen sobre dos pilares esenciales de la humanidad: la libertad y la plena igualdad entre todos los seres humanos. El concepto de derechos humanos hace referencia al sentido de la dignidad humana antes que a cualquier formulación jurídica o política. La declaración promueve un conjunto de valores, principios y normas de convivencia que deben conformar esa dignidad humana y la vida en sociedad. Es decir, son los mínimos en que se debe asentar la dignidad y la convivencia. El mínimo inexcusable de justicia y humanidad.

En un principio, la declaración iba a ser titulada «*los derechos del hombre*» pero Eleanor Roosevelt, presidenta de la Comisión, consideró que el término excluía a las mujeres y consiguió que en su lugar figurara «*Derechos Humanos*».

Más de treinta años después de la Declaración Universal de los Derechos Humanos, la Asamblea General de las Naciones Unidas aprobó la Convención sobre la eliminación de todas las formas de discriminación contra la mujer. Esta convención internacional nació con el objetivo de garantizar la igualdad de oportunidades de las mujeres, por eso a esta convención se la denomina también como *declaración de los derechos de las mujeres.* Esta convención compromete a los Estados a seguir, por todos los medios apropiados y sin dilaciones, una política encaminada a eliminar la discriminación contra la mujer. Catorce años después de esta convención, el 20 de diciembre de 1993 se aprobó la Declaración sobre la Eliminación de la Violencia contra la Mujer de las Naciones Unidas. De algún modo, y así se recoge en el preámbulo, esta pretende colaborar a reforzar y complementar el proceso ya iniciado en 1979 con la Convención sobre la eliminación de todas las formas de discriminación contra la mujer. Sin embargo tiene algo de específico, propio y característico que la diferencia de la anterior: el énfasis sobre la violencia contra la mujer como violación de los derechos humanos y como el principal impedimento para el total disfrute y ejercicio por parte de la mujer de los mismos. Así, la Declaración de 1993 supuso un reconocimiento explícito de la violencia de género, aunque ni la Convención sobre la eliminación de todas las formas de discriminación contra la mujer de 1979 ni la Declaración sobre la Eliminación de la Violencia contra la Mujer de 1993, garantizó de un modo automático la aplicación y ejercicio de la igualdad. Por ello se propuso desde la CEDAW, el Comité para la Eliminación de la Discriminación de la Mujer, la creación de un Protocolo Facultativo a la Convención de 1979, como instrumento para reforzar la convención y principalmente para mejorar los procedimientos de protección de los derechos de las mujeres a la luz de la Declaración sobre la Eliminación de la Violencia contra la Mujer de 1993.

3.2. VIOLENCIA DE GÉNERO: CICLO BÁSICO DE LA VIOLENCIA. CONCEPTO Y FACTORES QUE INFLUYEN

De acuerdo con la Ley 13/2007, de 26 de noviembre, de Medidas de Prevención y Protección Integral contra la Violencia de Género, se define el concepto de violencia de género como: «Toda conducta que atenta contra la dignidad e integridad física y moral de las mujeres por el hecho de serlo, como manifestación de la discriminación, la situación de desigualdad y las relaciones de poder de los hombres sobre las mujeres».

El ciclo de la violencia de género se inicia siempre de forma sutil, solamente se aprecia un exceso de control por parte del hombre, que la mujer suele confundir con celos, preocupación excesiva o incluso como signos de un gran amor. Esta actitud controladora se evidencia en muchos aspectos (forma de vestir, trabajo, gastos, salidas, amistades, intentos de separación de su familia…) y pronto deja paso a la humillación y al menosprecio, dejándola en muchas ocasiones en ridículo, a veces, delante de los demás, y en la mayoría de los casos, en la intimidad del hogar. Con el tiempo, la mujer va perdiendo su autoestima, su autonomía e incluso su capacidad de reacción o defensa. El comportamiento agresivo del varón va aumentando en frecuencia y en intensidad, hasta que la mujer decide consultar o pedir ayuda. No siempre se las cree, pues con frecuencia los maltratadores suelen comportarse fuera del hogar de forma admirable, siendo, a los ojos de la sociedad, «el marido perfecto».

Nos encontramos, por tanto, con que el ciclo de la violencia es una secuencia repetitiva, que explica en muchas ocasiones los casos del maltrato crónico. Se describen tres fases en este ciclo: acumulación de tensión, explosión y reconciliación (o «luna de miel»).

- Fase de acumulación de la tensión. En esta fase los actos o actitudes hostiles hacia la mujer se suceden, produciendo conflictos dentro de la pareja. El maltratador demuestra su violencia de forma verbal y, en algunas ocasiones, con agresiones físicas, con cambios repentinos de ánimo, que la mujer no acierta a comprender y que suele justificar, ya que no es consciente del proceso de violencia en el que se encuentra involucrada. De esta forma, la víctima siempre intenta calmar a su pareja, complacerla y no realizar aquello que le molesta, con la creencia de que así evitará los conflictos, e incluso, con la equívoca creencia de que esos conflictos son provocados por ella. Pero sea cual sea el comportamiento de la mujer, la tensión seguirá en aumento.

- Fase de agresión. En esta fase el maltratador se muestra tal cual es y se producen de forma ya visible los malos tratos, tanto psicológicos como físicos y/o sexuales. Ya en esta fase se producen estados de ansiedad y temor en la mujer, temores fundados que suelen conducirla a consultar a alguna amiga, a pedir ayuda o a tomar la decisión de denunciar a su agresor.

- Fase de arrepentimiento. Durante esta etapa la tensión y la violencia desaparecen y el hombre se muestra arrepentido por lo que ha hecho y hace promesas de cambio. Esta fase se ha venido a llamar también de «luna de miel», porque el hombre se muestra amable y cariñoso, con la idea de la vuelta al comienzo de la relación de afectividad. A menudo la víctima concede al agresor otra oportunidad, creyendo firmemente en sus promesas. Esta fase hace más difícil que la mujer trate de poner fin a su situación ya que, incluso sabiendo que las agresiones pueden repetirse, en este momento ve la mejor cara de su agresor, pensando que puede cambiarlo. Sin embargo, esta etapa de arrepentimiento dará paso a una nueva fase de tensión. El ciclo se repetirá varias veces y, poco a poco, la última fase se irá haciendo más corta y las agresiones cada vez más violentas. Tras varias repeticiones del ciclo, esta fase llegará a desaparecer, comenzando la fase de tensión inmediatamente después de la de agresión.

Por desgracia estos ciclos suelen conducir a un aumento de la violencia, y el peligro se cierne sobre la mujer que comienza a pensar que no hay salida a esta situación. Esta sucesión de ciclos es lo que explica por qué muchas víctimas de malos tratos vuelven con el agresor, retirando, incluso, la denuncia que le habían interpuesto.

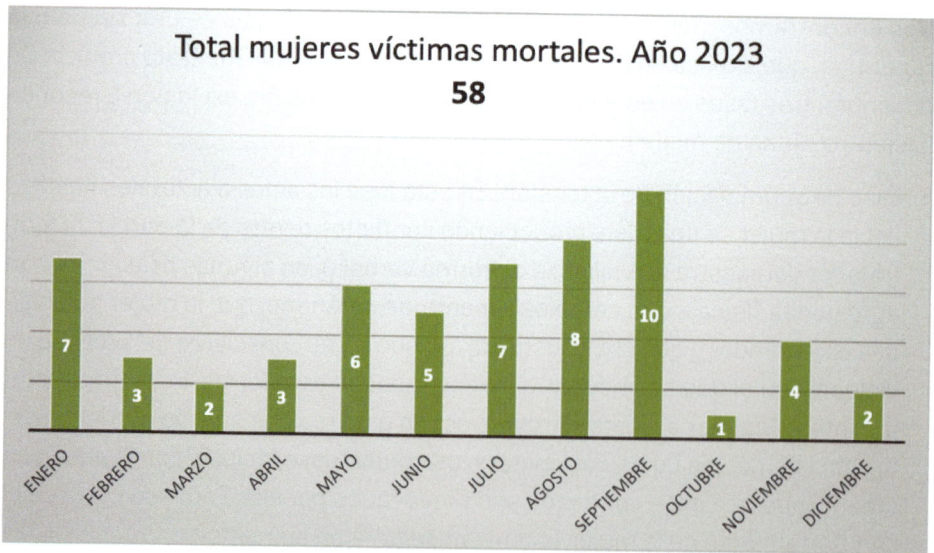

Figura 3.1. El ciclo de violencia puede finalizar con un terrible desenlace. Víctimas mortales en España en el año 2023. Fuente: Delegación del Gobierno contra la Violencia de Género.

Los factores que intervienen en el origen de la violencia de género podrían estar entre los siguientes:

Multicausalidad. El fenómeno de la violencia de género se caracteriza por su multicausalidad y complejidad. Teniendo en cuenta que cuando se produce, no se debe únicamente a la presencia en el agresor de una determinada patología, sino que intervienen múltiples factores, de índole psicológica, cultural y social.

Asimetrías de poder. La violencia de género se produce en una sociedad patriarcal que sigue perpetuando la superioridad de los hombres sobre las mujeres y que asigna diferentes atributos, roles y espacios en función del sexo. Como afirma la Declaración de Beijing, la violencia contra las mujeres puede entenderse como una manifestación de las relaciones de poder históricamente desiguales entre ambos sexos, que han conducido a la dominación de la mujer por el hombre, la discriminación contra la mujer y a la interposición de obstáculos contra su pleno desarrollo.

Identidad estereotipada. La cultura asigna patrones o modelos diferenciados a hombres y a mujeres, que establecen su papel en la sociedad y los rasgos o características que definen a cada sexo. Construir una identidad masculina o femenina en base a estos estereotipos sexistas limita la libertad individual y restringe las distintas formas de ser, sentir, pensar y comportarse. El hombre que maltrata ha interiorizado una identidad masculina basada en una serie de rasgos como la fuerza y el dominio, que se asumen como características necesarias para definir y mostrar la propia virilidad. Por su parte, educar a las niñas en un modelo de feminidad basado en rasgos como la fragilidad o la pasividad, fomenta la interiorización de la indefensión, la dependencia y la dificultad para poner fin a una relación abusiva.

Asunción de la violencia como forma para resolver conflictos. Los conflictos están presentes a lo largo de nuestra vida, y son una importante fuente de autoconocimiento, si se poseen las herramientas necesarias para abordarlos y solucionarlos. El ejercicio de la violencia como forma de afrontar las situaciones conflictivas conlleva la imposición del propio criterio y de los propios objetivos. Educar en la empatía, la expresión emocional y el consenso son claves para mejorar la convivencia y la resolución positiva de los conflictos.

Rechazo a lo diferente. La percepción de la realidad de forma rígida y la incapacidad para tolerar la incertidumbre impiden valorar la diversidad como un hecho positivo. Al contrario, esta actitud conlleva el rechazo a la diferencia, que se percibe como una amenaza. El sexismo y la conducta violenta hacia las mujeres son una manifestación contraria a la igualdad en cuya base existe una concepción jerárquica de las relaciones humanas, y particularmente de la forma en que mujeres y hombres pueden relacionarse.

Mitos del amor romántico. En el imaginario romántico de nuestra cultura abundan mitos y falsas creencias que se aprenden e interiorizan desde la más tierna infancia, a través de cuentos, películas, series... Este ideal amoroso a menudo normaliza y justifica comportamientos abusivos, favoreciendo el establecimiento de relaciones basadas en el control y la desigualdad.

3.3. FORMAS DE VIOLENCIA CONTRA LAS MUJERES

La violencia contra la mujer se ejerce de diversas formas, incluidas la violencia en el hogar, las violaciones, la trata de mujeres y niñas, la prostitución forzada, la violencia en situaciones de conflicto armado, la esclavitud sexual y el embarazo forzado, el infanticidio femenino y la selección prenatal del sexo del feto en favor de bebés masculinos, la mutilación genital femenina y otras prácticas y tradiciones nefastas.

3.3.1 Modalidades

Cuando se habla de violencia de género, a menudo se hace referencia especialmente a la violencia física que, si bien es el aspecto más fácilmente detectable, no es el único, puesto que existen otra formas que, aunque menos visibles, se dan con mayor asiduidad. El Consejo de Europa estableció la siguiente clasificación en lo referente a violencia de género:

Violencia física: agresiones corporales (empujones, golpes, ataques con armas, mordeduras, quemaduras, estrangulamientos, mutilaciones).

Violencia sexual: cualquier actividad sexual no consentida, desde las relaciones sexuales obligadas y la explotación sexual a los insultos y acusaciones durante las relaciones sexuales.

Violencia psicológica: agresiones de tipo intelectual o moral (amenazas, aislamiento, desprecio, intimidación, insultos en público, etc.).

Violencia económica: desigualdad en el acceso a los recursos compartidos, negar el acceso al dinero, impedir el acceso a un puesto de trabajo, impedir el acceso a la educación, etc.

Violencia espiritual: coaccionar a otra persona a aceptar un sistema de creencias cultural o religioso determinado, o erosionar o destruir las creencias de otra persona a través del ridículo o del castigo.

Nuevas formas de violencia. En la actualidad nos encontramos ante nuevas formas de ejercer violencia a través de internet, telefonía móvil y redes sociales. Es el caso del ciberacoso, es decir, el hostigamiento a una persona a través de internet con falsas acusaciones, amenazas, suplantación de la identidad, daños a su equipo y difusión de información privada, entre otras.

En el seno de la pareja, el ciberacoso constituye una manifestación de la violencia de género, ya que las nuevas tecnologías posibilitan un aumento de control y vigilancia. Además, también suponen un nuevo medio en el que cometer abusos sobre la víctima, incluso tras la ruptura de la relación.

Un riesgo asociado a las tecnologías de la información y la comunicación (TIC) es el *sexting*, que consiste en el envío, a través del teléfono móvil o de internet, de fotografías o vídeos propios, de tipo erótico y de índole privada. En este sentido, cabe señalar que el intercambio de contenidos íntimos se considera una prueba de amor y confianza en la pareja, lo que en algunos casos puede propiciar el uso de dichas imágenes como forma de chantaje y presión. Este chantaje, conocido como *sextorsión*, consiste en amenazar a la víctima con difundir las imágenes en la red y ridiculizarla públicamente. La difusión es muy rápida, ya que las imágenes pueden ser reenviadas a su vez por otras personas, extendiéndose a gran velocidad y multiplicando su alcance. Este tipo de acoso constituye una forma muy grave de violencia (que implica a numerosas personas que colaboran en la difusión), y puede llegar a provocar importantes daños psicológicos en la víctima.

La mayoría de jóvenes ignoran los riesgos asociados a las TIC, por lo que es fundamental educar en un uso seguro y responsable. Asimismo, es necesario sensibilizar sobre la gravedad de este tipo de acoso y de sus efectos.

3.3.2 El acoso sexual en el trabajo

El acoso sexual en el trabajo es un nuevo término que describe un viejo problema. Generaciones de mujeres han sido víctimas de una atención sexual molesta en el trabajo y de un comportamiento ofensivo basado en su sexo. Ha sido en los últimos 20 años cuando se ha dado un nombre a esta conducta.

El acoso sexual no es una novedad, tampoco es noticia de actualidad, a pesar de que diariamente miles de mujeres lo sufren. Las cifras del este acoso son escandalosas, se ha anunciado oficialmente que el 35 % de las mujeres de la Unión Europea sufre acoso sexual en el trabajo, sin embargo, esta cifra alcanza el 60 % en el caso de España, Italia y Grecia. Solo Francia y Bélgica disponen de leyes específicas al respecto.

El acoso sexual en el trabajo está llegando a ser reconocido, cada vez más, como un problema grave. Las víctimas pueden verse impedidas a plantear el asunto debido al desamparo, al miedo a verse ridiculizadas, o lo que es peor, a perder sus trabajos. Las víctimas de acoso sexual pueden estar sometidas a tensiones con serias consecuencias para su salud física y mental. Aunque la Ley 31/95, de 8 de noviembre, de Prevención de Riesgos Laborales, no contiene norma específica que se refiera concretamente al acoso sexual como una conducta susceptible de prevención, por lo que a falta de norma concreta será necesario acudir a las generales que estipula la ley, relativas a la obligación del empresario de proteger a los trabajadores de los riesgos laborales, pues las empresas no cuentan con una política y procedimientos claros y específicos para abordar esta cuestión.

El acoso sexual en el trabajo es reconocido cada vez más como una cuestión importante que afecta a la igualdad de oportunidades de las mujeres, que son las víctimas principales. La probabilidad de ser acosada sexualmente está más estrechamente asociada a la vulnerabilidad observada y la dependencia económica de la acosada que a su apariencia física. En concreto son especialmente vulnerables: las mujeres viudas, separadas, divorciadas; las madres solteras y las lesbianas; las recién llegadas al mercado de trabajo; las mujeres con contratos de empleo irregular; las que trabajan en empleos predominantemente masculinos; las mujeres con minusvalías; las pertenecientes a minorías étnicas y las inmigrantes. El acoso sexual está indisolublemente unido al poder.

Pero en los últimos tiempos, las mujeres y los hombres tienden cada vez más a trabajar juntos en niveles similares, por lo que se producen también casos de acoso sexual entre personas del mismo nivel jerárquico.

La primera investigación sobre el acoso sexual en España se elaboró ya en 1988, en ella se definieron cinco niveles de acoso que más o menos se siguen manteniendo en la actualidad:

- Nivel I «Acoso leve»: conductas que se realizan a propósito en presencia de las trabajadoras/es: chistes, comentarios, conversaciones de contenido sexual, silbidos, piropos, conociendo que pueden resultar ofensivos.

- Nivel II «Acoso moderado»: cualquier tipo de conducta de contenido sexual verbal o no verbal, sin contacto físico (miradas, muecas, gestos lascivos).

- Nivel III «Acoso medio»: actuaciones fuertes y directas, como llamadas telefónicas y/o cartas, invitaciones a salir o a fiestas, con intenciones explícitas o implícitas de contenido sexual.

- Nivel IV «Acoso fuerte»: se integran conductas que implican contacto físico de tipo sexual o agresiones directas.

- Nivel V «Acoso muy fuerte»: violación en grado de tentativa, frustración o consumación.

Los estudios más recientes sobre el acoso laboral en España indican que, el 14,9 % de las mujeres trabajadoras ha sufrido alguna situación de acoso sexual en el último año.

3.4. COSTES ECONÓMICOS Y SOCIALES DE LA VIOLENCIA DE GÉNERO

El análisis de los costes de la violencia contra la mujer es útil para comprender la gravedad del problema, pues indica su incidencia económica en el Estado, las empresas, las personas individualmente y la sociedad en general. Pone de relieve la ubicuidad de dicha violencia y confirma que es una preocupación pública y no una cuestión privada.

Ese análisis puede brindar información importante para las consignaciones presupuestarias específicamente destinadas a los programas de prevención y reparación de la violencia contra la mujer, y demuestra que se debería invertir mucho más en estrategias de intervención temprana y prevención, en lugar de permitir que dicha violencia continúe sin poner medidas.

Hay diversos tipos de costes, **de corto y de largo plazo:** en primer lugar, el coste directo de los servicios relacionados con la violencia contra la mujer; en segundo lugar, el coste indirecto de las pérdidas de empleos y productividad, y en tercer lugar, el valor asignado al dolor y el sufrimiento humanos.

El coste directo de los servicios relacionados con la violencia contra la mujer comprende los gastos efectivos realizados por las personas, los Gobiernos y las empresas en bienes, instalaciones y servicios para dar tratamiento y apoyo a las víctimas y llevar a los autores ante la justicia. Los servicios comprenden el sistema de justicia penal, los servicios de salud, la vivienda, los servicios sociales, el apoyo en materia de ingresos, otros servicios de apoyo, y costes judiciales civiles. El coste de estos servicios es sufragado por el Estado.

La segunda gran categoría de costes comprende la reducción de empleos y productividad, una categoría que a veces se describe como el coste para el sector privado o empresarial. Las mujeres pueden ausentarse de sus empleos como resultado de lesiones o traumas, o pueden trabajar en un nivel de productividad reducida por esas mismas causas. Surgen costes adicionales cuando pierden sus empleos como resultado de la ausencia y la reducción del rendimiento, o porque se han visto obligadas a mudarse. Tanto trabajadoras como empresarios cargan con los costes resultantes. Algunos estudios analizan también los ingresos tributarios que pierde el Estado como consecuencia de las pérdidas de empleos y producción.

La tercera categoría de costes es la del valor asignado al dolor y el sufrimiento infligidos a las mujeres. Se trata de un coste intangible que recae sobre la víctima.

Hay otros costes impuestos por la violencia contra la mujer, pero son muy difíciles de estimar. Uno de los costes importantes de esa índole es el de las consecuencias para los niños que presencian actos de violencia, por ejemplo, su necesidad de asesoramiento por los daños psicológicos que soportan, y los costes a largo plazo de la reducción de los niveles de rendimiento educacional y laboral.

El primer estudio de los costes económicos de la violencia contra la mujer se llevó a cabo en Australia. La mayoría de los estudios se han realizado en países desarrollados. En todos ellos se llega a la misma conclusión: los costes de la violencia contra la mujer son enormes. No solo empobrecen a las personas, las familias, las comunidades y los Gobiernos, sino que también reducen el desarrollo económico de cada nación. Incluso los estudios más completos realizados hasta la fecha subestiman los costes, habida cuenta de la cantidad de factores no incluidos. De todos modos, todos ellos indican que la falta de solución para la violencia contra la mujer tiene graves consecuencias económicas, lo cual indica la necesidad de adoptar medidas preventivas determinadas y sostenidas.

3.5. MEDIDAS CONTRA LA VIOLENCIA DE GÉNERO

3.5.1 Apoyo institucional

España es un referente de ámbito internacional tanto por las iniciativas de apoyo a las mujeres que sufren esta violencia como en proyectos de prevención, sin que esto quiera decir que se haya llegado al máximo desarrollo de medidas para atajar esta lacra universal.

3.5.1.1 Legislación actual

Tras la aprobación de la Constitución española en diciembre de 1978, se inicia una importante reforma legislativa con el objetivo de dar una respuesta legal y procesal a la violencia contra las mujeres, que hasta entonces se contemplaba como un problema privado, circunscrito al marco de la violencia familiar y doméstica. Destacamos en el ámbito nacional los siguientes instrumentos y actuaciones legislativas.

Ley Orgánica 10/1999, de 23 de noviembre, del Código Penal que modificará el delito de violencia doméstica contemplando la violencia psíquica y las agresiones producidas por las exparejas.

Ley 27/2003, de 31 de julio, reguladora de la Orden de Protección de las víctimas de la violencia doméstica. Con su aprobación se pretende dar una respuesta a la violencia de género, global y coordinada, por parte de los poderes públicos.

Ley Orgánica 1/2004, de 28 de diciembre, de Medidas de Protección integral contra la violencia de género. Esta ley pretende atender las recomendaciones de los organismos internacionales, instituciones nacionales y supranacionales, en el sentido de dar una respuesta global a la violencia que se ejerce sobre las mujeres. La ley establece medidas de protección integral cuya finalidad es prevenir, sancionar y erradicar la violencia de género, así como reconocer derechos y cobertura asistencial a las víctimas. Asimismo establece todo lo concerniente a la tutela institucional, judicial y penal. Una ley orgánica de reforma posterior facilitó legalmente la obtención del permiso de residencia a las mujeres extranjeras irregulares víctimas de violencia de género.

Real Decreto Ley 3/2013, de 22 de febrero, en el que se reconoce el beneficio a la asistencia jurídica gratuita, universalmente y con independencia de sus recursos económicos, a todas las víctimas de violencia de género y trata de seres humanos.

Real Decreto Ley 9/2018, de 3 de agosto, de medidas urgentes para el desarrollo del Pacto de Estado contra la violencia de género.

Ley Orgánica 10/2022, de 6 de septiembre, de garantía integral de la libertad sexual.

La «Estrategia estatal para combatir las violencias machistas 2022-2025» constituye un nuevo instrumento de planificación y ordenación de actuaciones en el ámbito de las políticas públicas para contribuir de forma decidida a la prevención, detección, erradicación y reparación de todas las violencias contra todas las mujeres en un escenario que exige ampliar la mirada y conseguir resultados más eficaces y eficientes a corto, medio y largo plazo.

Esta estrategia aborda todas las formas de violencia contra las mujeres recogidas en el artículo 3.a del Convenio de Estambul, incluyendo medidas para acabar con aquellas formas de violencia más invisibilizadas, como la violencia digital, la violencia económica o la violencia institucional.

Se trata de ampliar horizontes en las políticas de erradicación, prevención, atención e intervención en las distintas formas de violencia, contando con cuatro ejes principales:

- Actuación y consolidación del marco de responsabilidades y obligaciones de los poderes públicos.

- Sensibilización, prevención y detección de las distintas formas de violencia machista.

- Protección, seguridad, atención y reparación integral.

- Respuesta coordinada para la protección y la garantía de los derechos.

Se contemplan distintos elementos innovadores con respecto a otras estrategias y planes estatales previos:

- El abordaje de todas las formas de violencia machista: violencia en la pareja o expareja, violencia vicaria, violencias sexuales, trata de mujeres y niñas, mutilación genital femenina, matrimonio forzado, acoso sexual y acoso por razón de sexo, así como la sumisión química, la violencia institucional, la violencia económica, las violencias digitales, la violencia en el ámbito reproductivo y la violencia simbólica.

- El necesario enfoque interseccional para tener en cuenta las diferentes barreras y características propias que tiene cada mujer.

- La consideración de los/as menores como víctimas de situaciones de violencia machista.

- La necesaria implicación y colaboración de los hombres, y de la sociedad en su conjunto, para erradicar la violencia contra las mujeres.

3.5.1.2 Organizaciones institucionales

La Delegación del Gobierno para la Violencia de Género se crea como consecuencia del artículo 29 de la Ley Orgánica 1/2004, de 28 de diciembre, de Medidas de protección Integral contra la Violencia de Género. Dicho precepto la configura como un órgano al que corresponde la formulación de las políticas públicas en relación con la violencia de género, la coordinación e impulso de las acciones que se desarrollen en esta materia, trabajando en colaboración y coordinación con las Administraciones con competencia en la materia, y el seguimiento y evaluación de las actuaciones llevadas a cabo, función esta última que desarrolla en colaboración con el Observatorio Estatal de Violencia sobre la Mujer. De la Delegación del Gobierno para la Violencia de Género dependen funcionalmente las Unidades de Coordinación contra la Violencia sobre la Mujer y las Unidades de Violencia sobre la Mujer, integradas orgánicamente en las Delegaciones y Subdelegaciones del Gobierno y en las Direcciones Insulares.

A continuación desarrollaremos una breve guía de recursos y centros de interés para mujeres (de información y asistenciales) y teléfonos de ayuda.

A. El Instituto de las Mujeres. El Instituto de las Mujeres es un organismo autónomo cuya finalidad primordial consiste en promover y fomentar las condiciones que posibiliten la igualdad social de ambos sexos y la participación de la mujer en la vida política, cultural, económica y social.

B. Organismos responsables de políticas de igualdad en las comunidades autónomas. Las comunidades autónomas, en virtud de las competencias establecidas en la Constitución y en sus respectivos Estatutos de Autonomía, son las responsables, en su ámbito geográfico, para llevar a cabo las políticas dirigidas a las mujeres. Las comunidades autónomas han creado un organismo con una estructura sólida para llevar a cabo una política integral, estos organismos son de diferente naturaleza y están adscritos a distintas consejerías.

C. Centros Asesores y de Información. Los Centros Asesores y de Información responden fundamentalmente a la necesidad de facilitar a las mujeres la información y el asesoramiento rápido y gratuito sobre aspectos jurídicos, orientación profesional y empleo, servicios sociales, salud y planificación familiar y asociacionismo, que les permita el ejercicio y desarrollo de sus derechos.

D. Centros de Acogida. Han sido creados para atender las situaciones de especial dificultad en las que se pueden encontrar las mujeres, ya que es necesario poner a su alcance servicios que contribuyan a paliar su desprotección derivada de problemáticas tan diversas como la violencia de género, la que atañe a madres solteras, las derivadas de las mujeres en riesgo de exclusión social por situaciones de especial dificultad: mujeres en prostitución, privadas de libertad, toxicómanas, etc. Las casas de acogida se crean para dar respuesta a muchas mujeres que se ven obligadas a salir de su domicilio por ser objeto de violencia de género, a ellas pueden acudir las mujeres con sus hijas e hijos, recibiendo asistencia y asesoramiento para dar una solución a su problemática. En este momento todas las CC. AA. tienen en funcionamiento una o varias casas de acogida. En algunos casos, además de acoger a mujeres maltratadas acogen también a mujeres en situaciones de especial dificultad: madres solteras y mujeres en riesgo de exclusión social

E. Servicios de atención a la familia (SAF). Equipos mujer y menor (EMUMES). Unidades de Atención a la Familia y Mujer (UAFM). Servicios de la Policía Municipal. La Secretaría de Estado de Seguridad, dependiente del Ministerio del Interior, para dar un servicio adecuado a las mujeres víctimas de violencia y atenderlas con una asistencia integral, personalizada y especializada, protegiendo sus derechos desde el mismo momento que presentan la denuncia y para investigar los casos, ha creado los Servicios de atención a la familia (SAF), y para protegerlas las Unidades de Atención a la Familia y Mujer (UAFM) en el ámbito de la Policía Nacional y los Equipos de mujer y menor (EMUMES) en la Guardia Civil.

F. Servicios de asistencia a mujeres víctimas de agresión sexual o víctimas de violencia de género. Servicios prestados por diferentes instituciones y organizaciones de mujeres donde se ofrece a las mujeres víctimas de agresión sexual o víctimas de violencia de género, asistencia jurídica, asistencia psicológica, así como otros recursos adecuados a la situación que atraviesan. El Ministerio de Igualdad ha establecido **el 016, 24 h,** teléfono gratuito de atención a las víctimas de violencia de género.

G. Atención jurídica gratuita. La asistencia jurídica gratuita, regulada por la Ley 1/1996, de 10 de enero, y su reglamento correspondiente, RD 2103/1996, de 20 de septiembre, es un derecho que se reconoce a aquellas personas que acrediten insuficiencia de recursos económicos para litigar y afrontar los gastos del proceso, proveerse de los/as profesionales necesarios para obtener una adecuada tutela judicial efectiva y poder ver defendidos sus derechos e intereses de manera adecuada. El Consejo General de la Abogacía Española, dispone de un portal de justicia gratuita, www.justiciagratuita.es, que facilita toda la información sobre este derecho en cada comunidad autónoma.

H. Ayudas a las víctimas del delito y oficinas de atención a las víctimas. La **Ley Orgánica 10/2022,** también conocida como Ley de Libertad Sexual, establece ayudas económicas para víctimas de violencias sexuales, reguladas en el Artículo 41 y desarrolladas por el **Real Decreto-ley 664/2024,** de 9 de julio. Las ayudas consisten en una prestación económica de un mínimo de 6 meses equivalente al subsidio de desempleo, que puede incrementarse según las responsabilidades familiares o discapacidad de la víctima. Para acceder a ellas, la víctima debe carecer de rentas superiores al salario mínimo interprofesional (SMI).

Ayuda económica: la ayuda mínima es equivalente a 6 meses de subsidio de desempleo. Esta cuantía puede aumentar si la víctima tiene responsabilidades familiares (como menores a su cargo) o un grado de discapacidad reconocido.

Condiciones de acceso: las víctimas no deben tener rentas superiores al SMI (o dos veces el SMI para familias con menores a cargo). Estas ayudas son compatibles con otras prestaciones, como indemnizaciones judiciales, ayudas de programas de renta activa de inserción, el ingreso mínimo vital y las ayudas autonómicas.

La condición de víctima de violencias sexuales puede acreditarse mediante:

- Sentencia judicial firme.

- Informe de servicios sociales, sanitarios u otros servicios especializados.

- Cualquier otro título determinado en la normativa específica.

Otras medidas de apoyo:

Además de las ayudas económicas, la ley garantiza:

- Acceso prioritario a la vivienda: promoción del acceso al parque público de vivienda y a programas de ayuda.

- Centros de crisis 24 horas: ofrecen atención psicológica, jurídica y social integral.

- Asistencia social integral: se proporciona apoyo para afrontar las necesidades económicas, laborales y sociales de las víctimas.

- Derechos laborales y de Seguridad Social: se establecen medidas para las trabajadoras autónomas y por cuenta ajena, como la suspensión de la obligación de cotizar o la adaptación de horarios.

Por otro lado, las Oficinas de Atención a las Víctimas del Delito son un servicio público y gratuito creado por la Ley 35/1995, de 11 de diciembre, de ayudas y asistencia a las víctimas de delitos violentos y contra la libertad sexual y posteriormente regulado por la Ley 4/2015, de 27 de abril, del Estatuto de la víctima del delito.

Las Oficinas de Atención a las Víctimas del Delito prestan asistencia a todo tipo de víctimas de delitos, atendiendo a las personas que han sido víctimas, entre otros, de delitos violentos con resultado de muerte, lesiones graves o daños contra la salud física o mental, así como a las **víctimas de los delitos contra la libertad sexual**. En todo caso, la asistencia en estas oficinas nunca estará condicionada a la previa presentación de una denuncia. Las oficinas prestan asistencia con frecuencia a víctimas de violencia de género, violencia doméstica, violencia sexual y robos con violencia, entre otros muchos delitos.

I. Servicios de información telefónica gratuita. Los servicios de información telefónica son de carácter gratuito y tienen, normalmente, carácter permanente (las veinticuatro horas del día o bien la mayor parte del día). Su objetivo fundamental es ofrecer a las mujeres información y asesoramiento acerca de sus derechos y de los recursos sociales existentes. Los servicios que se incluyen en la presente guía tienen, en unos casos, cobertura dentro de la respectiva comunidad autónoma y, en otros, cobertura nacional. Entre estos figuran los que el Ministerio de Igualdad tiene establecidos: 900 191 010 (información en distintos sectores), y 016 para la atención a las víctimas de violencia de género.

J. Centros de documentación y otros centros de consulta. En estos centros se recoge, procesa técnicamente y difunde todo tipo de información y documentación (libros, revistas, ponencias, informes, etc.) sobre las mujeres. La mayoría de estos centros de documentación están automatizados. El centro de documentación del Instituto de las Mujeres cuenta con una base de datos documental que contiene más de 27 000 referencias bibliográficas de muy diversos documentos cuyo contenido siempre trata de la mujer. Presta servicios de búsquedas bibliográficas, consulta de documentación, sala de lectura, sala de vídeos y préstamo de ellos, asesoramiento bibliográfico y telefónico o por correo. También posee una base de datos con noticias de prensa sobre las mujeres con más de 280 000 referencias.

K. El Servicio Telefónico de Atención y Protección para víctimas de la violencia de género (ATENPRO) es una modalidad de servicio que, con la tecnología adecuada, ofrece a las víctimas de violencia de género una atención inmediata, ante las eventualidades que les puedan sobrevenir, las 24 horas del día, los 365 días del año y sea cual sea el lugar en que se encuentren. El servicio se basa en la utilización de tecnologías de comunicación telefónica móvil y de telelocalización. Permite que las mujeres víctimas de violencia de género puedan entrar en contacto en cualquier momento con un centro atendido por personal específicamente preparado. Además, ante situaciones de emergencia, el personal del centro está preparado para dar una respuesta adecuada a la crisis planteada, bien por sí mismos/as o movilizando otros recursos humanos y materiales.

3.5.1.3 Medidas judiciales de protección y de seguridad de las víctimas

La regulación en los últimos años de las medidas de protección y de seguridad de las víctimas de violencia doméstica ha supuesto dotar a nuestro sistema procesal de útiles herramientas a la hora de desplegar una protección rápida y eficaz a las víctimas de violencia doméstica, en respuesta a la demanda social que desde hace años exigía la adopción de medidas más contundentes para paliar la escalada de actos de violencia de este tipo en el ámbito familiar. En concreto: Ley Orgánica 14/1999, de modificación de la Ley de Enjuiciamiento Criminal en materia de protección de las víctimas de los malos tratos; Ley 27/2003, reguladora de la Orden de Protección, y la Ley Orgánica 13/2003, de reforma de la Ley de Enjuiciamiento Criminal en materia de prisión provisional.

La Ley Orgánica 1/2004, de 28 de diciembre, de Medidas de Protección integral contra la violencia de género, con el objeto de garantizar una tutela integral frente a la violencia de género, ha venido a completar el cuadro de medidas de protección que vienen recogidas en la Ley 1/1992, de 21 de febrero, de Protección de Seguridad Ciudadana. Se crea, por tanto, un subsistema reforzado de protección y seguridad para estas víctimas (aplicable además solo a ellas y no al resto de víctimas de violencia doméstica) que viene a yuxtaponerse tanto al ya existente en relación con las víctimas en general de determinados delitos como a las víctimas de violencia doméstica.

De esta forma, en nuestro ordenamiento coexiste una batería de medidas judiciales cautelares de protección y aseguramiento aplicables a las situaciones de violencia de género cuyo deslinde no siempre es fácil, pero la valoración de la regulación de las medidas no puede ser sino positiva al suponer un avance más dentro de la política legislativa encaminada a proteger a las víctimas de violencia de género.

Con la primera y principal medida —**la Orden de Protección**— la Ley Orgánica 1/2004, de 28 de diciembre, de Medidas de Protección integral contra la violencia de género, crea un estatuto integral de protección a la víctima de violencia de género permitiendo la adopción de medidas, tanto penales como civiles, con el fin de prevenir situaciones objetivas de riesgo, sin descuidar otros aspectos de tipo civil derivados de la situación de conflicto familiar, antes carentes de regulación si no era acudiendo al proceso civil. Asimismo, la regulación expresa de la medida de privación de tenencia y porte de armas, aunque contemplada ya en el Código Penal como pena y medida de seguridad, responde a la voluntad del legislador de no dejar ningún aspecto de la protección a la víctima sin regulación.

La medida de protección de datos (hasta la fecha implícitamente reconocida en diversas leyes) trata de evitar fenómenos de victimización secundaria anteponiendo el interés de la víctima al de cualquier otro.

La regulación de forma expresa de otras medidas como las de **salida del domicilio, alejamiento o suspensión de las comunicaciones,** junto con la introducción novedosa de la posibilidad de que el juez autorice **la permuta del uso de la vivienda familiar,** así como el **control del cumplimiento de estas medidas a través del uso de medios electrónicos,** supone asimismo un reforzamiento de la posición de la víctima en aras a garantizar una separación física entre víctima y agresor necesaria para una adecuada tutela y protección de la primera.

Asimismo debe valorarse de forma positiva la regulación de la **suspensión de la patria potestad o custodia de menores** configurándola como medida de protección hasta que se dicte sentencia firme, con lo que se persigue evitar acudir a un proceso civil en demanda de las mismas medidas. Lo mismo sucede con la medida de **suspensión del régimen de visitas** como medio de protección de los menores, víctimas directas o indirectas de situaciones de violencia doméstica, a efectos de lograr una separación física de los hijos con el maltratador, consiguiendo así una mayor tranquilidad, al menos psicológica y persiguiendo una reeducación de los hijos, alejándolos del ambiente violento a fin de que no aprendan y reproduzcan esos roles de violencia en su vida futura.

3.5.2 Cambio de actitudes individuales para obtener nuevos modelos sociales

Una vez que el Estado ha creado las condiciones legales y administrativas para el cambio hacia nuevos modelos sociales, es imprescindible llegar al cambio individual que las personas deben llevar a cabo, para que ese nuevo modelo social sin violencia de genero sea posible.

En primer lugar, se trataría de ser conscientes de que el alcance del Estado es limitado y que hace falta la transformación individual; desde nuestras relaciones profesionales, familiares, vecinales o de cualquier tipo debemos ser la correa de transmisión de ese convencimiento y actuar en consecuencia.

Alejar cualquier tipo de violencia de nuestras vidas, denunciarla y visibilizarla es importante como primer paso, y colaborar con el sistema educativo en la coeducación desde cualquiera de los grupos que forman la comunidad escolar, podría ser el siguiente, debido al lugar privilegiado y estratégico que tiene la escuela para contribuir a una sociedad más igualitaria y justa. Hay que tener en cuenta que toda la población pasa por el sistema educativo y que la escuela tiene una gran capacidad para impulsar el desarrollo integral de las personas, superando las limitaciones que imponen los estereotipos de género y las conductas sexistas.

Se trata de recuperar todos los aspectos positivos de la cultura masculina y de la cultura femenina y convertirlos en referentes de conducta no asociados de forma dicotómica a un determinado género, potenciando el desarrollo humano de ambos sexos y considerándolos sujetos con identidad personal al margen de estereotipos de género. Este planteamiento educativo es fundamental a la hora de abordar la violencia de género, se debe tener como referencia a las personas y el desarrollo de cada una de sus identidades. Existe unanimidad en reconocer que la educación es un instrumento clave para avanzar en la igualdad entre los sexos y disminuir la violencia contra las mujeres, sin cuestionar por ello que cada cual selecciona e interioriza de forma única y personal los mensajes que recibe.

El cambio de actitud individual fundamental para producir nuevos modelos sociales es sin lugar a dudas el empoderamiento de la mujer. Podemos definir el empoderamiento como un aumento de la autoridad y poder de la persona sobre los recursos y las decisiones que afectan a la vida, mediante un proceso de toma de conciencia individual y colectiva de las mujeres, que les permite aumentar su participación en los procesos de toma de decisiones y de acceso al ejercicio de poder, y a la capacidad de influir.

Para facilitar la autonomía de las mujeres y la toma de conciencia de género, es necesario un cambio de creencias, actitudes y comportamientos en el entorno, lo que indudablemente lleva a hablar de roles y estereotipos de género. La mujer debe dejar de asumir esos roles, y sobre todo dejar de trasmitirlos, esa tarea de las mujeres no puede ser asumida por nadie más, y es otra de las acciones individuales más importantes para el cambio social en profundidad que erradique la violencia de género.

Muy unidos a estereotipos y roles de género, están los mitos sobre la violencia de género que siguen arraigados en nuestra sociedad, definidos conceptualmente como creencias estereotípicas sobre dicha violencia, que son generalmente falsas, pero que son sostenidas amplia y persistentemente (mitos sobre la marginalidad, mitos sobre los maltratadores, mitos sobre las mujeres maltratadas). Una cierta tolerancia a la violencia de baja intensidad en los hogares, justificar ciertas conductas y considerar la violencia de género como propia de grupos marginales, es el camino menos adecuado para combatirla.

Si la mujer debe empoderarse como actitud individual para el cambio, el hombre debe hacer desaparecer de la subjetividad masculina el sentimiento de superioridad sobre las mujeres, ya que de ese sentimiento emana en última instancia la violencia de género. De ahí que resulte tan importante desarrollar todas las estrategias a su alcance para acabar con la misoginia y la exaltación de la virilidad, potenciando la equivalencia entre las personas y los sexos, la defensa de las libertades individuales y los derechos humanos; acostumbrándose a tratar a las mujeres como iguales y, por tanto, como a personas capaces de gestionar sus vidas.

El reto no está en que los hombres digan estar a favor de la igualdad, el desafío es que asuman la parte de la carga que les corresponde en un reparto equitativo con las mujeres para que ellas puedan invertir ese tiempo y esas energías en sí mismas.

Para que los hombres no se planteen la asunción de sus roles domésticos como una pérdida, es necesario que comprendan que hay mucho que ganar, por ejemplo, un aumento significativo de las expectativas de vida, compartir la responsabilidad del sustento económico de la familia, ver y disfrutar del crecimiento de los hijos/as, mantener unas relaciones más solidarias con la pareja y el resto de las mujeres, disfrutar de una sexualidad más libre e igualitaria, mantener unas relaciones menos competitivas con el resto de los hombres, etc.

También ganarían un enorme reconocimiento social, asumiendo profesiones en las que están subrepresentados como la de maestro, por ejemplo, ya que casi no hay profesores en Infantil o preescolar y son muy pocos en Primaria, de modo que los niños tienen muchas posibilidades de llegar a Secundaria sin haber tenido ningún maestro. Esta circunstancia convierte a los docentes de Primaria en seres especialmente valiosos como modelos de identificación igualitarios que el alumnado compara con sus propios padres, y es muy importante que ejerzan su magisterio desarrollando una labor educativa igualitaria que evite los privilegios de género y el paternalismo.

Se está produciendo una evolución en las formas de vivir sin conflicto la masculinidad, lo que contribuye a potenciar la diversidad de las vocaciones y a prestigiar modelos emergentes para que se conviertan en referentes de formas de vida más libres, que cuestionan sin proponérselo el modelo tradicional.

3.5.3 Proyectos de prevención para la violencia de género

En España, los proyectos de prevención contra la violencia de género se articulan principalmente en torno a la **Estrategia Estatal para combatir las violencias machistas 2022-2025,** impulsada por la Delegación del Gobierno contra la Violencia de Género. Dentro de esta estrategia, se promueven diversas iniciativas como la creación de herramientas como el **Mapa Stop Viogen** para visibilizar y proponer soluciones innovadoras, y programas de educación y sensibilización dirigidos a jóvenes y la comunidad educativa, como el programa «VIVE Y DEJA VIVIR» de Fundación Mujeres. Otras acciones incluyen la lucha contra la violencia digital mediante formación y sensibilización, y la promoción de la participación ciudadana y la igualdad en todos los ámbitos de la vida.

Mapa Stop Viogen

Este proyecto de investigación social aplicada localiza y analiza soluciones innovadoras para combatir la violencia machista en España, incluyendo un mapa interactivo y un análisis de la inteligencia artificial en el contexto de la violencia de género.

En cuanto al ámbito europeo, los programas para detener la violencia de género en Europa incluyen la nueva Directiva de la UE contra la violencia de género, que busca armonizar las leyes en toda la Unión y mejorar la protección de las víctimas: la antigua iniciativa del programa Daphne, que apoyó proyectos para prevenir la violencia y apoyar a las víctimas, y organizaciones como la Agencia Europea para los Derechos Fundamentales (FRA) y el Instituto Europeo para la

Igualdad de Género (EIGE), que realizan estudios e informes para orientar las políticas europeas. Además, la UE ha establecido un número de teléfono unificado de ayuda a las víctimas, el 116 016.

Por su relevancia en el ámbito laboral, destacamos los programas y acciones del SEPE dirigidos a la lucha contra la violencia machista.

El SEPE (Servicio Público de Empleo Estatal) desarrolla diferentes acciones para luchar contra la violencia machista. Así, los Puntos Violeta o el «Protocolo de actuación frente al acoso sexual y al acoso por razón de sexo» confirman el compromiso del organismo contra este tipo de violencia.

- **Puntos Violeta, en las Direcciones Provinciales y oficinas del SEPE**

El SEPE ha instalado Puntos Violeta en la mayoría de sus oficinas y Direcciones Provinciales.

Un **Punto Violeta** es un espacio seguro que busca la implicación de toda la sociedad en la lucha contra la violencia machista, estableciendo un lugar seguro para las víctimas, un espacio físico o virtual, donde serán atendidas, apoyadas y acompañadas y donde se les facilitará información sobre los servicios de atención y ayuda a las víctimas en relación con la violencia machista, en cualquiera de sus manifestaciones.

Se puede saber la ubicación del Punto Violeta mirando si en la puerta hay una pegatina identificativa con un distintivo redondo violeta como este:

- **Protocolo frente al acoso sexual y por razón de sexo**

El SEPE ha aprobado recientemente su **«Protocolo de actuación frente al acoso sexual y al acoso por razón de sexo»** que incluye formación específica para su personal para su aplicación a través de la figura de asesor o asesora confidencial.

Este protocolo tiene como objetivo evitar las posibles situaciones de acoso sexual y acoso por razón de sexo que pudieran darse en el ámbito del SEPE y afrontarlas de la manera más efectiva en caso de que se produzcan. Se establece, de esta manera, un procedimiento que da cauce a las comunicaciones y denuncias y establece medidas tanto preventivas como reactivas frente al acoso.

La formación de «Ases **acompañamiento** a las personas que quieran activar el protocolo e incluye formación en técnicas y herramientas de detección, sesgos de género, fases del acoso sexual y sus efectos, atención psicológica a víctimas, habilidades comunicativas y gestión de equipos humanos.

3.6. ACTIVIDADES

ACTIVIDAD N.º 1: *Análisis de mitos en torno a la violencia de género*	
OBJETIVOS	- Analizar mitos existentes que justifican la violencia de género en la sociedad del siglo XXI. - Determinar la prevalencia de estos mitos en torno a la violencia de género en la sociedad actual y evaluar su trascendencia. - Preveer las consecuencias negativas que la trasmisión de estos mitos generará en las generaciones futuras.
AGRUPACIÓN	Grupos de 3/4 personas.
MATERIAL	Listado de mitos existentes en torno a la violencia de género que se facilita en la metodología de la actividad.
PERIODIZACIÓN	1.ª sesión grupal: elección y distribución de mitos, comentario y análisis de los mismos, determinación de las consecuencias de su perpetuación en la sociedad, etc. 2.º sesión grupal: contraste de mitos con las estadísticas en torno a la violencia de género y puesta en común de resultados.
METODOLOGÍA	Cada grupo elegirá la misma cantidad de mitos que participantes haya en el grupo. El listado de mitos propuestos para el análisis puede ser el siguiente: 1. «Lo que ocurre dentro de una pareja es un asunto privado; nadie tiene derecho a meterse. 2. «Un hombre no maltrata porque sí, ella habrá hecho algo para provocarlo». 3. «Si una mujer es maltratada continuamente la culpa es suya por seguir conviviendo con ese hombre».

METODOLOGÍA	4. «Si se tiene hijos/as, hay que aguantar los maltratos por el bien de las niñas y niños». 5. «Los hombres que maltratan, lo hacen porque tienen problemas con el alcohol u otras drogas». 6. «Los hombres que agreden a sus parejas están locos». 7. «Los hombres que agreden a sus parejas son violentos por naturaleza». 8. «Los hombres que maltratan a sus parejas fueron maltratados en su infancia». 9. «La violencia domestica es una pérdida momentánea de control» 10. «La violencia doméstica no es para tanto, pero sale en la prensa y esto hace que parezca mayor». 11. «La violencia doméstica solo se da en familias con poca educación y que viven en la miseria». Contrastar estos mitos con *las Cifras de la violencia de género con resultado de muerte en España* del año pasado. Ejemplo de mito comentado: «La violencia doméstica no es para tanto, pero sale en la prensa y esto hace que parezca mayor» los casos que aparecen en televisión solo representan una pequeña parte de la realidad, e incluso las denuncias solamente representan un 10 %. Según datos del Ministerio de Interior en el 6 % de las familias españolas existen malos tratos físicos.
EVALUACIÓN	Se evaluará positivamente la actividad si los/las participantes son capaces de analizar los mitos, comentarlos con criterios objetivos, determinando su pervivencia y las consecuencias negativas de su perpetuación en la sociedad.

ACTIVIDAD N.º 2: *Análisis de la terminología empleada para definir la violencia de género*	
OBJETIVOS	- Analizar la terminología empleada para definir la violencia de género. - Identificar los términos más adecuados y la prevalencia de algunos de ellos en determinados contextos. - Determinar la frecuencia de aparición de los términos en contextos determinados y en países determinados. - Comprobar la correspondencia del uso de la terminología con los medios de comunicación en que se utiliza.
AGRUPACIÓN	Grupos de 3/4 personas.
MATERIAL	Los términos detallados en la metodología de la actividad. Otros términos aportados por los participantes. Publicaciones de todo tipo en las que aparezcan noticias o reportajes con contenidos de violencia de género.

PERIODIZACIÓN	1.ª sesión grupal: se asignarán a los grupos los términos detallados en la metodología de la actividad y otros que aporten los participantes. Se llevarán a cabo búsquedas (si los documentos están en soporte digital con el comando buscar, resultará más sencillo) de los mencionados términos en publicaciones. Se medirá la prevalencia de uno u otro término y se definirán los contextos y países. 2.º sesión grupal: se analizarán los términos y se determinará por cada grupo el que consideren más adecuado para definir más correctamente esta lacra social. Se pondrán en común los resultados.
METODOLOGÍA	Asignación a los grupos de los términos de preferencia. Búsqueda de otros términos en publicaciones extranjeras (preferentemente del ámbito hispanoamericano). Los términos propuestos son los siguientes: violencia de género, violencia conyugal, violencia doméstica, violencia sexista, violencia machista, violencia contra la mujer, terrorismo machista, violencia masculina contra las mujeres, disputas conyugales, maltrato doméstico, etc. Búsqueda de los términos arriba mencionados en publicaciones de todo tipo (preferentemente en soporte digital para una búsqueda más rápida). Cálculo de la prevalencia de cada término en determinados contextos y países. Elaboración de un análisis de los términos para elegir el que consideren más adecuado para definir este fenómeno. Puesta en común de resultados y elección del término en el gran grupo.
EVALUACIÓN	Se llevará a cabo una evaluación individual por cada participante, teniendo en cuenta el aporte de nuevos términos, la pertinencia del análisis de la terminología empleada para definir la violencia de género, la correcta o fundamentada elección de los términos más adecuados, el acierto en la prevalencia y frecuencia de algunos de ellos en determinados contextos y países.

Bibliografía

BIBLIOGRAFÍA

Bengoechea Bartolomé, Belén (coord.). *Efectos de las políticas lingüistas anti-sexistas y feminización del lenguaje.* Instituto de la Mujer, 2009.

Bengoechea, Mercedes. «Necesidad de poseer cuerpo y nombre para acceder plenamente a la ciudadanía» en el marco del Congreso Internacional Género, Constitución y Estatutos de Autonomía (Madrid, 4 y 5 de abril de 2005).

Berganza Conde, María Rosa y Rodríguez Alfageme, Carmen. *Formación en igualdad de oportunidades II.* Editorial FOREM, 2008.

Bosque, Ignacio. «Sexismo lingüístico y visibilidad de la mujer». Boletín de Información lingüística de la RAE, 2012.

Briz Gómez, Antonio (coord.). *Guía de comunicación no sexista.* Instituto Cervantes/Aguilar, Madrid, 2011.

Cabrera Mercado, Rafael y Carazo Liébana, Mª José. *Análisis de la legislación autonómica sobre violencia de género.* Ministerio de Igualdad, 2010.

Castaño de la Cruz, Susana (*et al.*). *Guía de sensibilización y formación en igualdad de oportunidades entre mujeres y hombres.* Instituto de la Mujer, Madrid.

Castro García, Carmen. *Introducción al enfoque integrado de género. Guía Básica.* Junta de Andalucía, 2003.

Charlier, Sophie y Caubergs, Lisette. *El proceso de empoderamiento de las mujeres. Guía metodológica.* Commission Femmes et Développement (Comisión de Mujeres y Desarrollo), 2007.

Colectivo Loé. *Actitudes de la Población ante la violencia de Género.* Colección documentos contra la violencia de género. Ministerio de Igualdad. Gobierno de España.

Confederación sindical de CC. OO. *La Violencia contra las mujeres.* Madrid, 2013.

Dávila Díaz, Mónica. «Indicadores de género» dentro de las jornadas de la Unidad de Igualdad y Género de la Junta de Andalucía: Mainstreaming de género: Conceptos y estrategias políticas y técnicas, Sevilla, 2004.

De Miguel, Ana. «Los feminismos a través de la Historia» en *Diez Palabras Clave sobre Mujer,* Verbo Divino, 2006.

Dirección General de Igualdad de Oportunidades. *Guía de Buenas Prácticas de Conciliación de la Vida Personal, Familiar y Laboral en las Empresas*, Madrid, 2007.

Gamba, Susana. *Diccionario de Estudios de Género y Feminismos.* Editorial Biblos, 2008.

Generalitat de Cataluña, Departamento de Presidencia. *Marcar las diferencias: La representación de mujeres y hombre a la lengua,* 2005.

Gisbert Grifo, Marina. *Mujer y Sociedad: Evolución de la mujer en la sociedad y en el mundo laboral en el Siglo xx. Realidad actual de la mujer en España.* Universidad de Valencia, 2007.

Instituto Asturiano de la Mujer. *Guía para profesionales. Recursos contra la violencia de género,* 2008.

Instituto de la Mujer, Ministerio de Trabajo y Asuntos Sociales. *Profesiones en femenino y masculino de la A a la Z,* España.

Instituto de la Mujer, Ministerio de Trabajo y Asuntos Sociales. *Nombrar en femenino y en masculino.* Serie Lenguaje, España.

López Méndez, Irene. *El Enfoque de Género en la intervención Social.* Cruz Roja, 2007.

Lozoya Gómez, José Ángel. *Los hombres frente a la violencia contra las mujeres.* Emakunde, Organismo autónomo del Gobierno Vasco, 2009.

Medina Guerra, Antonia M. (coord.). *Manual de lenguaje administrativo no sexista,* Asociación de estudios históricos sobre la mujer, en colaboración con el Área de la Mujer (Ayuntamiento de Málaga).

Ministerio de Asuntos Sociales, Instituto de la Mujer. *Propuestas para evitar el sexismo en el lenguaje,* Madrid, 1989.

Moral Moro, María José. *Las medidas judiciales de protección y seguridad de las víctimas en la ley integral contra la violencia de género,* Universidad de Valladolid.

Nuño Gómez, Laura. *La incorporación de las mujeres al espacio público y la ruptura parcial de la división sexual del trabajo: el tratamiento de la conciliación de la vida familiar y laboral y sus consecuencias en la igualdad de género.* Memoria para optar al grado de Doctor. Universidad Complutense, Madrid, 2008.

Ortiz, Carmen. «Participación social, política y económica de la juventud española con perspectiva de género. Mujeres jóvenes hoy». *Revista de Estudios de Juventud.* Consejo de la Mujer de la Comunidad de Madrid, n.º 83, 2008.

Ramírez Belmonte, Carmen. «Concepto de género: Reflexiones». *Ensayos,* Universidad de Alicante, 2008.

Ruiz Carbonel, Ricardo. *El principio de igualdad entre hombres y mujeres: Del ámbito público al ámbito jurídico familiar. Tesis.* Universidad de Murcia, 2009

T-incluye, Recopilatorio de recursos web sobre lenguaje no sexista; Manual Herramienta T-incluye; *Estudio sobre Lenguaje y Contenido sexista en la web*, etc., http://tincluye.org/

UNITE to end violence against women, Published by the UN Department of Public Information, DPI/2546C, noviembre 2009.

Vázquez García, Rafael. *Participación cívica, mujeres y asociacionismo en España*. Psicología política, n.º 42, 2011.

WEBGRAFÍA

Principales sitios web recomendados para consulta.

https://www.inmujeres.gob.es/

https://www.poderjudicial.es/cgpj/es/Temas/Violencia-domestica-y-de-genero/El-Observatorio-contra-la-violencia-domestica-y-de-genero/

https://violenciagenero.igualdad.gob.es/

https://www.igualdad.gob.es/

https://commission.europa.eu/strategy-and-policy/policies/justice-and-fundamental-rights/gender-equality/gender-equality-strategy_es